知识产权折现率及评估方法与应用研究

ZHISHI CHANQUAN ZHEXIANLǓ
JI PINGGU FANGFA YU YINGYONG YANJIU

王 炜 苏任刚◎著

安徽师范大学出版社
ANHUI NORMAL UNIVERSITY PRESS
·芜湖·

图书在版编目(CIP)数据

知识产权折现率及评估方法与应用研究 / 王炜，苏任刚著. —芜湖：安徽师范大学出版社，2022.7

ISBN 978-7-5676-5247-7

Ⅰ.①知… Ⅱ.①王… ②苏… Ⅲ.①知识产权—知识经济—评估 Ⅳ.①F062.3

中国版本图书馆CIP数据核字(2022)第117970号

知识产权折现率及评估方法与应用研究　王　炜　苏任刚　著

责任编辑：童　睿　　　责任校对：孔令清

装帧设计：张　玲　冯君君　　　责任印制：桑国磊

出版发行：安徽师范大学出版社

芜湖市北京东路1号安徽师范大学赭山校区

网　址：http://www.ahnupress.com

发 行 部：0553-3883578　5910315　5910310(传真)

印　刷：苏州市古得堡数码印刷有限公司

版　次：2022年7月第1版

印　次：2022年7月第1次印刷

规　格：880 mm × 1 230 mm　1/32

印　张：6

字　数：125千字

书　号：ISBN 978-7-5676-5247-7

定　价：30.00元

前　言

知识产权质押融资是一种金融创新，其目的是在一定程度上解决科技创新型企业的融资难题，助推科技创新发展。近些年在政府、银行、企业、中介机构等相关方的共同努力下，知识产权质押融资业务取得了积极进展，有力地支持了相关企业的经营发展。但是，相对于企业尤其是科技型企业融资的实际需求而言，知识产权质押融资业务还有很大的提升空间。这其中一个重要问题是知识产权价值评估不适应融资发展的需要。知识产权作为一种无形资产，其自身的特殊性决定了价值评估的困难性。这种困难性主要在于知识产权价值评估的模型应用及模型参数难以量化，其细微的差异将会导致评估结果的显著不同。如何通过技术模型和分析方法，较为客观、准确地确定知识产权的价值是备受评估行业关注的难题。所以，有必要重新审视知识产权价值评估方法和参数的选择和运用，以求进一步提高知识产权质押融资评估的质量。

本书缘起笔者对知识产权量化评估的折现率、方法、应用多角度和多层次的持续研究。首先，王炜从2009年起在相关学术期刊上发表系列文章，系统深入地阐述了知识产权价值评估折现率确定，以及评估方法和应用等问题，取得了一系列的研究成果。此后，苏任刚与王炜合作，针对知识产权价值评估进行持续的研究，陆续发表了一系列关于知识产权等无形资产价值评估的研究成果。这些研究成果逐步建构了折现率确定、知识产权价值评估等多角度理论分析和应用案例体系。同时，笔者针对知识产权价值评估一系列的问题，由表及里、由繁入简，梳理出知识产权价值评估的重要问题，抽丝剥茧抓住核心线索，对研究成果进行系统整理和归纳。

本书通过对知识产权价值评估特点及其现有确定方法的研究，探索知识产权价值评估折现率和收益期限参数确定方法的优化与发展，创建新的计算模型，并通过评估案例分析，探讨模型实际应用的可行性。本书主要内容包括介绍研究的背景和国内外研究现状；围绕知识产权折现率的基本理论、计算方法、模型优化等内容展开研究，并进行应用案例分析；针对知识产权价值评估问题，构建集值统计与模糊评价相结合的评估方法，并进行应用研究；论述基于博弈论和CreditRisk + 模型、区间数理论等解决知识产权质押评估问题的创新模型，并进行应用研究。在写作过程中，笔者力求清晰地阐述理论内容，完整地呈现每种方法的操作过程，保持应用研究的连续性和直观性。

本书的研究成果是对知识产权价值评估方法的丰富和完善，可以为专业评估机构提供科学的方法参考，以便更好地提供专业服务，同时对于规范知识产权价值评估工作，提高评估公信度，促进科技与金融的深度融合，以及国家知识产权战略的实施具有一定的实际意义。

从2008年起，笔者对于知识产权价值评估问题进行了长期的关注、思考和研究，至今已有十三载。追忆那些共同交流、研讨和撰写的画面，依稀就在眼前。虽说研究工作繁重而辛苦，思考的生活往复而单调，但内心从未厌倦和孤寂，反而沉浸其中，快乐前行。在写作过程中，笔者力求精益求精，针对每一个细节力求做到尽善尽美。本书是笔者心力浇注的成果，是对我们长期研究工作的一个总结。

在本书写作过程中，得到了很多专家学者的指导和帮助，使得我们的研究工作可以顺利进行，我们表示衷心的感谢！同时，我们是在工作单位这片沃土上汲取力量，不断成长的，所以衷心感谢安徽商贸职业技术学院领导和同事的大力支持。最后，衷心感谢国家知识产权局、中国资产评估协会、安徽省教育厅给予研究项目的资助，感谢安徽师范大学出版社细致扎实的工作。

我们希望创新的成果可以托起现实的期许，在科研道路上努力奋进、快乐前行！

目　录

第一章 绪 论

第一节 研究背景和研究内容

知识产权是国家发展的战略性资源，是国际竞争力的核心要素，也是创新型国家建设的重要支撑。重视知识产权在经济社会发展中的作用，实施知识产权战略，是落实科学发展的必然要求。2007年，党的十七大明确提出“实施知识产权战略”。2008年6月，国务院颁布《国家知识产权战略纲要》。实施国家知识产权战略是我国在改革开放新时期的一项重大战略部署，对于推动我国经济发展、文化繁荣和社会进步，具有重大的意义。

一、知识产权与知识产权质押融资

1.知识产权

知识产权（也称知识财产）是指法律赋予知识产品的所有者对其智力创造成果所享有的某种专有权利。这种财产不是以物质的形式存在，而是以智力成果的形式存在。知识产权一词最早产生于17世纪中叶的法国，主要倡导者为法国学者卡普佐夫，后为比利时法学家皮卡弟所发展，历时300年左右，才被各方面逐步采纳。1967年“世界知识产权组织”建立后定义了这一术语的内涵，并界定了所涵盖的对象。在《建立世界知识产权组织公约》第二条中，明确规定了知识产权的范围：（1）文学、艺术和科学著作或作品；（2）表演艺术家的演出、唱片或录音片和广播；（3）人类经过努力在各个领域的发明；（4）科学发现；（5）工业品外观设计；（6）商品、服务标志和商号名称及标识；（7）所有其他在工业、科学、文学或艺术领域中的智能活动产生的产权。

2.知识产权质押融资

创新是促进经济增长的不竭动力。企业作为创新的主体，投入大量的资金进行技术研发，因而也拥有比较多的知识产权。但由于契约利益不对称，造成创新型企业往往因面临信贷配给困境而缺乏成长资金。因此，推动以知识产权为基础的融资渠道创新，对促进创新型企业发展，激励其进行研发创新具有重要的现实意义。

知识产权质押融资作为以知识产权为基础的金融产品创新，为创新型企业融资提供了解困路径。知识产权质押融资作为一种新型融资模式正是在这样的背景下日益受到重视并逐渐发展起来的。在政府、银行、企业、中介机构等相关各方的共同努力下，企业知识产权质押融资业务取得了积极进展。根据国家知识产权局公布的数据：2020年，我国专利、商标质押融资总额达到2 180亿元，有力地支持了相关企业的经营发展，成为技术创新和市场经营的加速器。知识产权质押融资作为一种金融创新，虽然一定程度上缓解了科技创新型企业的融资难题，但其自身发展也受到知识产权价值评估难题的影响。

随着“万众创新”“中国制造2025”等发展战略陆续提出，各企业都在向“科技创新型”和“互联网+”转型升级迈进。轻资产化是企业形态的趋势，随之通过质押知识产权方式融资将成为中小企业经济新常态。由此可见，科学确定被质押知识产权的价值就显得迫在眉睫。知识产权本身所带有的无形性、独特性、唯一性等特征，增加了企业质押融资知识产权的评估难度。以质押融资为目的的知识产权价值评估是帮助企业获得项目融资、促进知识产权成果产业化的关键一环。探索有效的知识产权质押贷款价值评估方法，既能促进这种金融创新模式的市场活力，也能促进创新型企业融资渠道的畅通，具有时代的紧迫性和重要的现实意义。

二、知识产权价值评估与知识产权折现率

1.知识产权价值评估

知识产权是经济全球化时代的生产要素和技术创新竞争优势的基础。知识产权已经成为影响后发国家现代化的关键因素。国家着手实施“知识产权战略”，就是对知识产权资产评估工作提出了新的更高要求。知识产权成果由于本身固有新颖性和创造性特征，其涉及技术、法律、经济

等多种要素，具有不易估价的特点，使得知识产权价值评估成为理论界和实务界共同面对的难题。如果不能确定知识产权的合理价值，就难以在知识产权买卖双方之间形成合理预期，促成知识产权交易，知识产权成果也就无法顺利实现产业化。因此，知识产权价值评估是促进知识产权质押融资和成果产业化的关键一环。只有努力探索解决知识产权价值评估问题，才能克服知识产权交易的障碍，促进知识产权转化为现实生产力，提高实施国家知识产权战略的绩效。

所谓知识产权价值评估是指评估人员依据相关法律法规和其他规定（如资产评估准则），对知识产权的价值进行分析、估算并发表专业意见的行为和过程。知识产权范围有广义和狭义之分。广义的知识产权即为《建立世界知识产权组织公约》中所划的范围；狭义的知识产权，则包括工业产权与版权（亦称“著作权”）两部分，其中工业产权中又包括专利权、商标权等。无论是广义的划分还是狭义的划分，知识产权主要包括专利权、商标权、版权，这是目前各国都予以承认的。国际评估准则委员会颁布的《国际评估准则》中评估指南将无形资产分为权利型无形资产、关系型无形资产、组合型无形资产和知识产权，其中知识产权主要包括专利权、商标权、版权等。

2.知识产权折现率

资产评估方法是实现评定估算资产价值的技术手段，

主要包括三种基本方法：成本法、市场法和收益法。其中，在知识产权价值评估业务中，收益法是最受青睐的评估方法。董晓峰、李小英（2005）曾对我国知识产权价值评估方法进行调查分析，研究结果显示，有接近70%的知识产权价值评估案例采用收益法。收益法是指通过估测被评估资产未来预期收益的现值来判断资产价值的各种评估方法的总称。它服从资产评估中将利求本的思路，即采用资本化和折现的途径及其方法来判断和估算资产价值。

用收益法对知识产权进行评估，涉及的主要参数有预期收益额、折现率及收益期限，其中参数的确定、选取和测算直接影响评估结果。对收益法参数弹性的研究显示，折现率弹性小于0而大于-1。当收益期增大时，折现率弹性的绝对值单调增加，并趋于-1。可见，折现率是收益法中的重要参数之一，其细微的差异将会导致评估结果的显著不同。合理确定折现率是收益法在知识产权价值评估中得以恰当运用的重要前提条件之一，但也是难点和障碍之一。目前，有必要重新审视知识产权折现率确定方法的选择和运用，以求进一步提高知识产权价值评估的质量。只有掌握较为精准的折现率才能得到更为合理的评估结果。因此，折现率的确定对知识产权价值评估意义重大。

三、研究内容

第一，在国家实施知识产权战略的背景下，紧紧围绕知识产权折现率的确定方法，从资产评估的角度，对知识产权折现率的特点、现有确定方法及其优化与发展等内容进行系统研究，并结合评估案例进行相关应用性研究。

第二，对知识产权价值评估的主流方法——收益法进行丰富与完善，在传统方法的基础上拓展和研究适应中国知识产权价值评估的新方法和新技术，主要利用模糊评价的相关方法理论对知识产权价值评估方法进行改进和优化。

第三，基于博弈论和CreditRisk + 模型的知识产权质押评估和风险的测控研究。对于区间数理论方法和联系数集对分析方法在知识产权价值评估中风险测控的应用进行理论探讨和实务举例。

第四，对于知识产权质押评估的一些新模式进行探讨，主要是把评估值从刚性的“点估计”向“区间估计”推广。在此基础上，进一步将区间数引入知识产权质押评估之中，对于收益法进行改进和扩展，使其更适应知识产权质押评估的要求。

第二节　国内外研究现状分析与评价

一、国内研究现状分析

1.知识产权折现率

目前国内尚无专门论述知识产权折现率的专著，仅在一些关于无形资产评估、专利资产评估的专著中涉及折现率的内容，如《专利交易中的专利资产评估研究》（岳贤平，2009）、《专利资产评估基础知识》（李芝生，1998）、《技术商品价格与技术资产评估》（刘彦，1996）、《技术资产定价与交易》（张广智等，1998）、《无形资产评估理论和管理体制研究》（姜楠，2003），《无形资产评估实务》（汪海粟、王毅，2002）、《无形资产评估理论与实践》（蔡继明，2002）等。上述专著均是在论述无形资产、专利资产评估收益法的相关章节中涉及折现率这一评估参数，但仅仅是对折现率现有确定方法的一般性介绍，基本与企业价值评估折现率不作区分，缺乏对知识产权折现率深入的探索和研究。

在论文论述中，周海珍（2001）采用加权平均资金成本法，在考虑资金利润率的基础上确定折现率。王吓忠（2003）讨论了技术资产折现率的实质、影响因素与选取缺陷，折现率的基本构成及其变化值的确定。李延喜等（2004）论述了折现率的定义与内涵，分析了以现金流量为基础的资本资产定价理论、套利定价理论和加权平均资金成本理论存在的问题，指出目前折现率量化中应注意事项，建立以动态现金流量为基础的折现率定量模型，对科学、正确、客观地确定折现率具有参考价值。常丽、许向真（2005）提出应根据引起无形资产评估的具体情况来选择合理的折现率确定方法，同时提出无形资产折现率确定方法运用和发展的几点建议，包括要科学性和合理性相结合、静态分析与动态分析相结合、因素分析与模型分析相结合。许涤龙、张钰（2008）以上海证券交易所的股票为样本，利用收盘价，对资本资产定价模型（Capital Asset Pricing Model简称CAPM）在上海证券交易所的应用进行了分析，得到的结论表明，上海证券交易所的股票收益与其β系数之间存在着显著的正相关关系。谭熙（2008）抽取沪深指数中的股票作为研究对象，对资本资产定价模型进行研究，分析结论认为，在股市上升阶段和下跌阶段时，收益率与β系数存在一定的线性关系，而且当股票下跌的时候，收益率与β系数的关系更为明显，符合选取的研究时间样本的实际情况。徐寒（2006）对技术资产评估折现率的相关因素即无风险报酬率、通货膨胀率及风险报酬率的确定作了论述，并提出折现率确定时应注意的问题，以有利于资产评估师得出正确评估结果。王晶等（2007）对收益法参数之一折现率的内涵进行了阐述，就折现率的选取方法进行了分析比较，提出要对折现率确定方法进行优化与发展，使收益法能在企业价值评估中发挥其应有的作用。袁煌（2007）参照上市企业的β系数，利用公式定义法间接确定评估企业β系数，并对该方法使用时所受的限制和有关注意事项作了说明。王晶等（2011）提出利用变动的折现率对企业整体净现金流量进行折现，可以更好地反映企业价值，继而分析了影响折现率动态变化的因素并进行研究。王炜（2011）针对矿业权评估折现率现有确定方法存在的缺陷，基于多属性效用理论创建了矿业权评估折现率的估算新方法，构建多层次的风险评价指标体系并将集值统计引入方法计算，评估案例分析，证明该方法使得矿业权折现率的估算更为精细，真正实现了模糊指标的量化。胡晓明、冯军（2014）从评估实务出发，以CAPM模型为研究基础，对模型中每个参数的确定进行研究，对五个具有代表性的市场指数进行拟合优度分析，得出沪深300指数具有较高的稳定性，以及四类风险因子对企业个别风险的影响，定量分析了企业的个别风险调整。陈留平、程静（2014）探讨了企业特定风险调整系数的计算，并给出了沃尔评分法在确定企业特定风险调整系数的计算过程，较好地解决了评估机构在实际应用中确定企业特定风险调整系数的问题。胡晓明、吴铖铖（2017）通过研究上交所、深交所2012—2016年披露的企业价值评估说明，发现收益法折现率相关参数市场应用与理论之间存在数据选取期间、市场口径等方面的差异。

总体而言，国内对折现率计算方法的研究还处于引进和吸收阶段，对于相关折现率模型中某些参数的确定仍未达成共识。这也导致了对各种折现率模型在不同类型企业中的应用缺乏深入研究。

2.知识产权价值评估

我国的资产评估理论研究起步较晚，20世纪90年代初才开始从国外引进包括评估方法在内的资产评估理论体系。可以说我国的资产评估方法是在学习和借鉴国外成果的基础之上发展起来的，知识产权价值评估方法同样如此。

郭民生等（1996）在《技术资产评估：方法·参数·实务》一书中，提出了技术资产的评估方法包括重置成本法、收益现值法、收益分成法及现行市价法。当前对知识产权质押评估方法的探讨主要集中在资产评估三种基本方法上，即成本法、市场法和收益法。在资产评估领域，对于知识产权价值评估方法问题的研究最早出现在有关无形资产评估的著作中，其中汪海粟、王毅（2002）所著的《无形资产评估实务》是无形资产评估领域的经典专著。该书在介绍三种传统评估方法的基础上，重点探讨了定量分析方法在无形资产评估中的应用，其中采用层次分析法在组合无形资产分割评估中的应用影响很大，是到目前为止解决技术型知识产权收益分成率问题较为有效的方法之一。苑泽明（2005）在《无形资产评估》一书中指出，一般资产评估方法理论都适用于商标权价值评估，并着重分析了重置成本法、现行市价法和收益法对商标权价值评估的适用性。

在论文方面，周林（1996）较早地论述了知识产权价值评估的重要性和应该注意的问题。张新华（1999）提出了一种基于集对分析（SPA）的技术知识产权的综合评估方法，建立综合评估的数学模型，对技术型知识产权进行评估。刘凤朝、刘明渊（2001）从价值与价格的界定出发，对知识产权价值评估的实质进行了阐述，提出创立知识价值论的基本构想，并初步设计一种基于知识价值论的知识产权价值评估方法体系。张永榜（2004）建立基于市场价值的技术资产评估方法体系，利用价格区间确定评估价格。邹海雷（2004）通过实物期权定价理论研究专利权价值，并用实物期权定价公式给出专利权的价值评估公式。董晓峰、李小英（2005）对我国知识产权价值评估方法应用状况进行调查，并在此基础上分析不同类型知识产权价值评估中应注意的问题。马敬（2007）认为由于知识产权价值评估具有较大的不确定性和模糊性，目前传统的三种评估方法在处理不确定性问题上存在困难，因此引入模糊综合评价法对知识产权价值评估十分必要。宋伟等（2008）利用知识集成的产权化定量分析方法尽可能地剔除评估的主观性和片面性，避免单纯的定性评估结果过于模糊的缺陷。杨建平（2008）构建以市场评估为核心的基于市场博弈的知识产权价值评估模型，即根据质押融资双方目的的不同，结合不同方法的适用性，对各个因素区别对待，形成融资方和出贷方各自的知识产权价值区间，在此基础上构建相应的博弈模型，双方通过博弈进行相互报价，直至双方达成一致，最终的博弈成交价格，作为该质押知识产权的价值评估值。苏任刚、王炜（2010）采用集值统计和模糊评价方法相结合，对技术性资产的初评值进行纠偏处理，最终得到更精确的评估数值。于磊（2012）专门针对技术型知识产权的价值评估展开研究，对技术分成率和生命周期的确定提出改进方案。苏任刚、王炜（2010）探索技术资产评估价值确定的新方法，即基于市场价值确定技术资产的价格区间，征求专家意见并给出技术资产价值的区间估值，集中分析调整专家意见，利用集值统计的方法最终确定技术资产的评估值，定性分析与定量分析较好地结合在一起综合运用，使评估结果相对准确、合理。张静华（2011）针对知识产权质押融资在我国实践中的问题提出政策建议，并在对公司所有知识产权价值评估的基础上，提出用层次分析法（AHP）对单项知识产权进行考察，同时对知识产权质押融资过程中风险的测度进行一系列分析。蔡凡（2012）针对专利的期权特性，指出原有估值思路存在的缺陷，进而提出估值方法的有益补充，即实物期权法，最后用实例对新模型的先进性进行了验证。郭子雪等（2013）通过对商标权本身隐含的期权特性进行定性分析，采用实物期权法对价值进行测算。苏任刚（2014）运用AHP方法构建模型，计算出知识产权在资产组合的预期超额收益中所占权重，并确定知识产权质押融资评估值。苏任刚等（2015）基于期望超额收益理论，运用价值速算和集值统计的方法层层分离出知识产权的价值，最后以知识产权价值评估值为依据，运用博弈论从借贷双方的立场来确定贷款的金额。周正柱、朱可超（2016）通过分析机械制造型企业知识产权价值的影响因素，建立模糊综合评价的指标体系与评估模型，并应用该模型得出机械制造型企业知识产权价值。

二、国外研究现状分析与评价

1.知识产权折现率

威廉姆斯于1938年在博士论文《投资价值理论》中首次提出折现现金流量法，即DCF方法，后来这一方法得以广泛应用，并成为收益途径评估企业价值的基本方法之一。威廉姆斯的主要贡献在于：一是给出了股利折现模型，这是许多衍生价值评估模型的基础；二是认为股利可看作是现金流量，这一观点促进理论界对折现率的认识取得了重大突破，使得资本市场理论、资产组合理论有了突飞猛进的发展。

威廉·夏普、约翰·林特纳以及简·莫辛等人在亨利·马克维茨现代资产组合管理理论的基础上，建立了资本资产定价模型，即CAPM模型和Ibbotson堆叠模型。CAPM模型包含风险分类和风险衡量的重要思想，打破投资补偿是单一的和难以衡量的观念，并且给出具体的分类和衡量方法，是企业价值评估理论的一个突破性发展。但是，CAPM主要用于确定上市公司的股权回报率，不能直接用于非上市公司的价值评估。Ibbotson堆叠模型不仅考虑系统性风险，同时还将非系统风险作为考量因素。这种方法认为，被评估公司的折现率由无风险收益率、股权风险收益率、公司规模溢价构成。Ibbotson堆叠模型的适用范围较广，上市公司和非上市公司都可以使用其进行折现率测算，但通常被认为不适用于小型非上市企业。扩展累加模型中的风险值取决于小型非上市企业所特有的一些风险因素，因此作为Ibbotson堆叠模型的替代方法，用于小型非上市企业的价值评估。扩展累加模型作为Ibbotson堆叠模型的替代方法，被认为是评估小型非上市企业价值最有效的方法，由罗伯特格林和帕内尔布莱克于1991年首先提出，也被称为布莱克—格林模型。扩展累加模型的理论基础和CAPM一样，即进行风险投资的投资者总是要求一个比无风险投资回报率更高的回报以补偿该投资所承担的风险。该模型通过单独考察目标企业各项风险要素来确定一个合适的折现率，即目标公司的折现率等于以政府债券收益率为参考的无风险回报率，再加上额外组合风险回报率。

斯蒂芬·A.罗斯（1976）提出套利定价模型（APT），摒弃资本资产定价模型认为投资回报率只受系统风险单一因素影响的观点，建议引入多方面影响回报率的因素，提高对风险的解释力和适用性。Roll和Ross（1983）对APT模型进行了检验，采用1962—1972年股票数据作为样本，对模型的定价因素假设以及一致性等进行检验，结果表明APT模型在解释平均资产收益率的变化上是一个合理的模型。Nai-Fu Chen（1983）验证了在加权价值和加权指数的应用上APT模型更能够解释资产收益率的变动。作为资本资产定价模型的扩展，套利定价模型的确有很大改进，但也存在缺陷，即模型中提出引入多因素，但并未具体指出这些解释风险的因素有哪些、有多少，因此在实际运用中会产生很大的分歧。

Fama和French（1993）在针对影响美国市场股票回报率因素的研究发现，股票市场的超额回报率不仅与CAPM模型的市场系统风险有关，而且还与上市公司的规模、财务杠杆、账面市值比、盈余市值比等相关。于是，他们将市场风险溢价、市值因子、账面市值比因子引入CAPM模型，提出了三因子模型。与单因子的资本资产定价模型相比，三因子模型的确对风险与回报率的解释程度有所提高，但因子的选取是否全面、对风险和收益的解释是否有说服力仍存在争议。

目前，国外专门论述知识产权折现率的文献极少，即便是专门论述无形资产折现率的文献也不多。在国外的评估实践中，资本资产定价模型仍是确定无形资产评估折现率的主要理论基础，但无形资产往往不具有活跃的市场，很难直接获得无形资产的β系数。针对此种情况，Jorion P.（1996）和Goldheim D.，Slowinski G.，Daniele J.等（2005）学者提出了新的确定方法，但这些β系数的计算方法工作量较大，且均属无形资产β系数的替代计算方法，其适用性尚需进一步研究。在用收益法对无形资产进行评估时，国外评估往往采用的是某些无形资产折现率的替代值，如企业全部资产的加权平均回报率、权益成本率等。Pal S K等（2007）对2004年美国标准普尔500指数中上市公司当年的无形资产必要回报率进行了测算，并将结果与无形资产折现率的替代值进行比较。Sohn S Y等（2007）认为，在估算知识产权折现率时需要考虑与知识产权投资有关的风险溢价，但没有给出具体的模型或公式来予以量化。

2.知识产权价值评估

Neil D. J.（1988）借助简单的贝叶斯工具，利用贴现现金流的方法对以交易为目的的知识产权进行价值评估。Rand S. J.（1990）对成本法适用的评估对象进行了讨论，并对具体的方法应用进行研究。Andriessen D.（2000）以文献综述的形式讲述为什么要进行知识产权价值评估和怎样评估的问题，并根据不同方法和目的进行对应的分类，研究评估目的和评估方法之间的联系。Germeraad P.（2004）从技术市场是否成熟入手，探讨知识产权价值评估方法的选择，并得出结论，当技术市场不成熟或不完善时，采用成本法来对知识产权质押价值进行评估也许是最合适的选择；当技术市场发展到一定程度时，采用收益法来对知识产权质押价值进行评估比较合适；当技术市场非常成熟时，市场法是评估知识产权质押价值最佳的选择。Glass A. J., Saggi K.（2002）通过建立知识产权产业化产品生命周期模型，计算知识产权可能带来的预期收益，并研究知识产权生命周期与吸引外国投资之间的影响关系，即从融资的角度研究知识产权的评估方法。Lieberman M. J.（2005）不仅从理论层面介绍了知识产权主要评估方法，还根据评估目的针对交易、融资、诉讼的不同情况，选择不同的评估方法，实证分析检验方法的应用性，代表了知识产权价值评估的高水平。2004年，新的巴塞尔资本协议提供了合格的金融抵押品的认可标准，目前已经有了可及时、经济、有效处置抵押品的市场。抵押品的市场价格可以很容易获得，银行可使用的抵押、担保和信用衍生品范围也逐渐扩大。Chang J.等（2005）研究了现实中预期收益率的波动怎样影响知识产权的经济价值，对实物期权定价模型添加一个新的变量，解释现实中预期收益率的随机波动性，因此该方法可有效解释为什么未来现金流的不确定性能促进企业用现在投资来代替未来的投资。Sudarsanam S.等（2006）结合知识产权在未来价值发展的灵活性和不确定性，利用实物期权定价法对其进行相关价值评估。Alper D.（2011）结合专利权的期权特征，以实物期权法的基本理论为基础，构建实物期权模型，并选取专利权进行价值评估，对模型进行了实际应用。阿斯沃斯·达摩达兰（2014）在《投资估价：评估任何资产价值的工具和技术（第3版）》一书中，结合层次分析数学模型和期权定价模型，改进了无形资产估值方法。

国外对于折现率的研究，在影响因素和确定原则方面虽已达成共识，但对折现率理论内涵的认识仍处于较为混沌的状态，忽视或混淆折现率与预期报酬率、资本成本的概念范畴。国外广泛推崇逻辑严密的资本资产定价等经典理论模型，在我国应用条件并不充分。目前我国知识产权价值评估应当挖掘各概念及相关影响因素的内部机理，对知识产权折现率和知识产权价值评估应当从定性到定量进行层层递进的研究。国外发达国家对知识产权价值评估方法的实证研究更加系统，而我国在知识产权价值评估的实践环节显得相对薄弱。照搬国外相关评估理论在我国市场中进行实际应用，并期望从中得到满意的结果是比较困难的。我们必须研究发展符合自身实际情况的理论和模型，使知识产权价值评估方法的理论研究不断丰富。

第二章　知识产权折现率研究

第一节　折现率及其确定方法

所谓折现率，就是将未来的预期收益折算成现值的比率。在不考虑期限和各期收益差异的情况下，折现的计算过程可用数学公式表示为：现值 = 预期收益 / 折现率，经过变形可表示为：折现率 = 预期收益 / 现值。由于某项投资的现值可以理解为是投资的本金，因此从本质上讲，折现率就是一种期望投资回报率。美国评估师协会的詹姆斯 · M. 希尔曾这样表述："折现率就是经验丰富的投资者为待评估公司进行投资所需要的回报率。"

一、折现率的概念

确定折现率，首先应该明确折现的内涵。折现作为一个时间优先的概念，认为将来的收益或利益低于现在的同样收益或利益，并且其价值随着收益时间向将来推迟的程度而有系统地降低。因此，折现作为一个算术过程，就是把一个特定比率应用于一个预期的收益流中，从而得出当前的价值。

（一）折现率确定的原则

1.风险补偿原则

折现率的本质是一种期望投资回报率，而一定的资产收益是与一定的风险相伴随的，资产未来收益额的不确定性就是资产的收益风险。收益率与投资风险是成正比的，风险大，收益率高；反之，风险小，收益率低。因此，在用收益法评估资产价值时，折现率反映的投资回报率是对应某一风险状态下该资产的期望投资回报率。两项资产未来也许能创造等量的收益，但它们可能承担的风险会不一样（这与资产的使用者、使用条件、使用用途密切相关），对这两项资产的评估当然应采用不同的折现率，才能得到切合实际的评估结果。因此，折现率的选取应体现资产的收益风险。

基于上述分析，折现率必须高于无风险报酬率。无风险报酬率也称为安全利率，是指投资者在几乎不冒任何风险的情况下就可以长期而稳定获得的投资收益率。显而易见，投资者在选择投资方式时，只有资产的期望收益率高于无风险报酬率时才有可能实施投资行为，即只有在体现投资收益率的折现率高于无风险报酬率时，投资者才会实施投资计划。

2.匹配原则

折现率是投资者期望的收益率，故折现率的选取要与知识产权的预期收益口径相匹配。在采用收益法评估时，因为评估目的和资产实际状况的不同，收益额可以有不同的口径，如利润口径与现金流口径、税前收益口径与税后收益口径、全投资收益口径与股权收益口径等。所以，针对不同的收益额进行评估时，应该注意收益额与折现率之间结构与口径的匹配。

3.权变原则

折现率的确定要考虑诸多因素，如市场物价指数的变动状况、资本市场的平均利率、同行业的资金利润率、企业资金利润率的变动趋势等，对于不同的产权主体、产业领域，即使资产业务的类型一样，适用的折现率也可能不同。因此，折现率的确定要有一种权变的意识，其选取和计算要切合实际，具有较好的可操作性，能为人们所接受并自觉地在估价实践中使用。

（二）折现率的构成

从本质上说，折现率是投资者在投资风险一定的情况下对投资所期望的回报率。投资者投资一定资产的本质，就是以现时的投资换取对资产未来现金流的索取权，即投资者通过放弃现时的消费而换取未来的消费。只有投资者获得的未来消费金额大于现时的消费金额时，投资者才愿意投资，这两者的差额就是投资报酬。如果投资者偏好现时消费，其要求的未来报酬率就越低，则通过折现率折现资产的价值也就越低。因此，投资者的偏好影响期望投资报酬率，进而影响资产的评估价值。影响投资者在现时消费和未来消费之间进行偏好的选择有两个因素，一是消费的时间因素，另一个是风险因素。在市场均衡的情况下，市场上由时间决定的资产报酬率是一致的，就是无风险报酬率，而由风险因素决定的则是风险报酬率。因此，期望报酬率包括无风险报酬率与风险报酬率两部分。相应地，折现率也由上述两部分构成，即折现率＝无风险报酬率＋风险报酬率，其中无风险报酬率常用国库券的利率或银行储蓄的利率来进行量化。因为在正常的资本市场和产权市场的条件下，任何一项投资的回报率不应低于该投资的机会成本。在现实生活中，由于国库券的发行主体是政府，几乎不存在无力偿付的可能，投资的安全系数高；银行信誉也非常高，储蓄也是一种风险极小的投资。因此，国库券的利率和银行储蓄的利率可以作为投资者进行其他投资的机会成本，相当于无风险投资报酬率。

二、折现率的确定方法

从一些学者的研究成果看，折现率的主张在各国也不尽相同。日本学者杉本正幸在其《不动产价格论》一书中对确定折现率就提出了七种学说，包括地方的一般利率说、地方习惯利率说、地方土地利率说、一般利率说、长期投资的收益率说、相当于抵押贷款率与剩余贷款利率的复合利率说、相当于纯粹利息与风险补贴金的复合利率说。台湾学者林英彦教授认为，这七种学说都不妥当。他认为，收益现值法的折现率应为实际利率。所谓实际利率是以银行一年期定期存款利率为基础，并用物价指数调整后，再扣除一定的所得税之后的利率，即实际利率 =（一年期定期存款利率/物价指数）×（1–所得税税率）。

欧美学者关于确定折现率的观点很多，包括市场投资品质比较法、投资组合法、银行利率选择法、加总法、投资分段理论等。由于确定折现率的观点很多，所以折现率的确定方法也相应较多。在折现率的确定方法中，目前研究最多的是关于企业价值评估中折现率的计算方法。一般认为，企业价值评估折现率的确定方法主要有以下几类：①以资本资产定价模型（CAPM）为代表的风险收益模型；②基于因素分析和经验判断的方法，如累加模型；③加权平均资本成本（Weighted Average Cost of Capital，简称WACC）模型。

（一）资本资产定价模型

资本资产定价模型是以威廉·夏普为代表的经济学家于20世纪60年代中期在马柯维茨资产组合理论的基础上发展的。资本资产定价模型是目前比较成熟的一种财务定价理论，在市场经济发达的国家广泛使用来确定折现率。资本资产定价模型确立了在不确定条件下投资风险与报酬之间的数量关系，其数学表达式如下：

$$R=R_f+\beta\times(R_m-R_f)$$

式中：R——股权回报率（权益资本折现率）；

R_f——无风险报酬率；

β——风险系数；

R_m——市场报酬率。

在目前的评估实践中，还出现了一些基于CAPM的改进方法，如Ibbotson堆叠模型就是一种对CAPM的补充和改进。

Ibbotson堆叠模型在系统性风险之外，还考虑了非系统性风险，目标公司的折现率等于无风险报酬率再加上三种风险报酬率，即股权风险报酬率、公司规模报酬率和公司特有风险报酬率。其数学表达式为：

$$R=R_f+\beta\times(R_m-R_f)+R_s+R_c$$

式中：R_s——公司规模报酬率；

R_c——公司特有风险报酬率。

上述各种风险参数均可以通过Ibbotson Associates出版的SBBI年鉴查询。

（二）累加模型

累加模型的理论基础和CAPM一样，即进行风险投资的投资者总是要求一个比无风险投资更高的回报率以补偿投资所承担的风险。因此，与CAPM一样，累加模型也是由无风险报酬率和以特定的行业及目标公司经营状况相关的组合风险报酬率两个关键要素组成，即目标公司的折现率等于以政府债券收益率为参考的无风险报酬率，再加上额外组合风险报酬率。但是，与CAPM不同的是累加模型不使用β系数，而是通过单独考察目标企业各项风险要素来确定一个合适的折现率，其中组合风险报酬率是由评估师对目标企业进行详细分析基础上得出的。

（三）加权平均资本成本模型

加权平均资本成本模型是以企业的所有者权益和企业负债所构成的全部资本，以及全部资本所需求的回报率，经加权平均计算来获得的评估所需折现率。加权平均资本成本模型的数学表达式如下：

$$\mathrm{WACC}=\frac{E}{D+E}\times K_{\mathrm{e}}+\frac{D}{D+E}\times(1-t)\times K_{\mathrm{d}}$$

式中：WACC——加权平均资本成本（企业折现率）；

E——权益的市场价值；

D——债务的市场价值；

K_{e}——权益资本要求的投资回报率；

K_{d}——债务资本要求的投资回报率；

t——被评估企业适用的所得税率。

第二节　知识产权折现率的确定方法

一、传统的折现率确定方法

笔者曾对54名注册资产评估师进行问卷调查，其中在对一道“您是如何估算知识产权价值评估折现率?”的多项选择题的答复中，有34名评估师选择累加模型，25名评估师选择资本资产定价模型，20名评估师选择加权平均资本成本模型。可见传统的折现率确定方法在知识产权价值评估实践中被广泛应用，但如果不加分析和调整，而直接将其应用于知识产权价值评估业务，则有所欠妥。

1. 对资本资产定价模型和加权平均资本成本模型的评析

从理论上分析，资本资产定价模型和加权平均资本成本模型并不能直接适用于知识产权的评估。资本资产定价模型是用来测算权益资本折现率的一种工具，而加权平均资本成本模型所估算的是以企业的所有者权益和企业负债所构成的全部资本折现率，显然这二者与知识产权之间并不对应。因此，利用资本资产定价模型和加权平均资本成本模型所估算出的折现率并非知识产权折现率，而只能被看作是知识产权折现率的近似值或替代值，二者之间是有差异的。

2. 对累加模型的评析

折现率的本质是投资报酬率，反映的是某一风险状态下资产的期望投资回报率。一定的资产收益是与一定的风险相伴随的，因此折现率应该反映资产拥有者获得预期收益所承担的风险的大小。从理论上分析，如果使用累加模型，通过考察知识产权的各项风险要素，然后累加所确定的折现率，应该就是知识产权的折现率。但是，目前使用该方法确定知识产权折现率存在两个问题。一是知识产权面临的风险内容尚未有定说，造成在评估实践中所考虑的风险因素各不相同，执业标准不统一，直接影响评估的效果；二是对风险因素的分析比较简单，各项风险报酬率的量化目前主要依赖经验判断，其结果较为粗略，直接影响评估结果的说服力。

二、基于多层次因素分析的累加模型

1. 模型的计算方法

在传统累加模型中，风险报酬率的量化主要依赖经验判断，导致结果较为粗略。因此，针对此问题提出基于多层次因素分析的累加模型，其计算方法如下文。

首先，对各项风险因素进行明细分析，构建多层次的风险因素评价体系。以专利资产为例，所构建的专利风险因素评价体系，如表2-1所示。

表2-1　专利风险因素评价体系

第一层次指标	第二层次指标		第三层次指标		第四层次指标	
	因素	权重	因素	权重	因素	权重
技术风险	技术转化风险	0.3	—	—	—	—
	技术替代风险	0.3	—	—	—	—
	技术权利风险	0.2	—	—	—	—
	技术整合风险	0.2	—	—	—	—
市场风险	市场容量风险	0.4	—	—	—	—

续 表

第一层次指标	第二层次指标		第三层次指标		第四层次指标	
	因素	权重	因素	权重	因素	权重
市场风险	市场竞争风险	0.6	市场潜在竞争风险	0.5	规模经济性	0.3
					投资额及转换费用	0.4
					销售网络	0.3
资金风险	融资风险	0.5	—	—	—	—
	流动资金风险	0.5	—	—	—	—
管理风险	销售服务风险	0.4	—	—	—	—
	质量管理风险	0.3	—	—	—	—
	技术开发风险	0.3	—	—	—	—

然后，由评估师对各项风险因素进行评分。例如，对市场容量风险进行评分的标准如下：市场总容量大且平稳为0分；市场总容量一般，但发展前景好为20分；市场总容量一般，且发展平稳为40分；市场总容量小，并呈增长趋势为80分；市场总容量小，且发展平稳为100分。根据各项风险因素所占权重计算其综合分值来确定风险报酬率，其中技术风险四个第二层次风险系数的取值范围分别在0～5%。

2. 模型的评析

这种基于多层次因素分析的累加模型的基本思路值得肯定，相较于经验判断和估价具有以下几点优势：

（1）模型借助数学计算方法来估算风险报酬率，要比纯粹的经验判断和估计更为合理。

（2）对各项风险因素进行明细分析，构建多层次的风险因素评价体系，使得风险报酬率的估算更为精细。

（3）对各项风险因素赋以不同的权重符合知识产权特有风险指标多层次、多属性的特点。

（4）由于各项知识产权风险因素均属于定性指标，根据评分予以量化在目前来看是可行的办法。

但估算模型也存在如下一些问题：

（1）按照上述计算方法，模型所计算的折现率为无风险报酬率与技术风险报酬率、市场风险报酬率、资金风险报酬率和管理风险报酬率的累加，而后四项风险报酬率为知识产权资产的特有风险报酬率。也就是说，在此计算中，并没有体现（或者说并没有单独体现）知识产权资产所依附载体的风险因素。

（2）未明确各项风险因素指标权重的确定方法。

（3）仅由评估师对各项风险因素进行评分，很难保证评分结果的客观性与科学性。

（4）将技术风险报酬率、市场风险报酬率、资金风险报酬率和管理风险报酬率的取值范围分别设定在0～5%，这种取值方法存在较大的主观性。

三、无形资产投资回报率法

1.估算方法

前文中已经阐明，利用加权平均资本成本模型所估算的是以企业的所有者权益和企业负债所构成的全部资本折现率，即投资者投资整个企业的平均投资回报率。企业资产由流动资产、固定资产和无形资产组成，投资不同的资产所承担的风险不完全一致。所以，知识产权资产的折现率应当区别于企业或其他资产折现率。鉴于此，有研究者认为可以采用无形资产回报率作为知识产权资产的折现率。其具体估算过程如下：

第一，利用加权平均资本成本模型估算企业的加权平均资本成本。由于企业经营中的一个基本目标是各项资产获取的收益至少要能够弥补筹集资金的成本，因此企业的加权平均资本成本就等于企业全部资产的加权平均回报率，即等于公司全部资产各自必要报酬率的加权平均值。其数学表达式如下：

$$\text{WACC}=W_c\times R_c+W_f\times R_f+W_i\times R_i$$

式中：W_c——流动资产（资金）占全部资产比例；

R_c——投资流动资产（资金）期望回报率；

W_f——固定资产（资金）占全部资产比例；

R_f——投资固定资产（资金）期望回报率；

W_i——无形资产（资金）占全部资产比例；

R_i——投资无形资产（资金）期望回报率。

第二，将上述公式变形，即可得到无形资产投资回报率的计算公式如下：

$$R_i=\frac{\text{WACC}-W_c\times R_c-W_f\times R_f}{W_i}$$

式中各参数按照以下方法确定：

（1）由于投资流动资产所承担的风险最小，因而期望回报率应最低，因此可取一年内平均银行贷款利率作为投资流动资产期望回报率（R_c）。

（2）由于投资固定资产承担的风险较流动资产高，因而期望回报率比流动资产高，因此取银行5年以上平均贷款利率作为投资固定资产的期望回报率（R_f）。

（3）各项资产占全部资产比例（W_c、W_f、W_i）可通过参考和分析企业的资本结构予以确定。

2.方法的评析

无形资产投资回报率法以加权平均资本成本（WACC）为基础，“倒挤”出无形资产回报率，并以此作为知识产权折现率。该方法的可取之处在于体现了无形资产折现率与企业或者其他资产折现率的不同，且与传统的直接采用WACC作为知识产权折现率的方法相比，其计算结果更加接近真实的知识产权折现率。但该计算方法的最大问题在于其计算结果所确定的折现率为企业全部无形资产的综合折现率，而并非某项知识产权的折现率。因此，如何将企业全部无形资产中某项知识产权的折现率分离出来是一个难题。此外，《专利资产评估指导意见》第三十条要求：“采用收益法进行专利资产评估时应当合理确定折现率。折现率可以通过分析评估基准日的利率、投资回报率，以及专利实施过程中的技术、经营、市场、资金等因素确定。”但是，无形资产投资回报率法仅仅考虑评估基准日的利率、投资回报率、资本成本等因素，而未明确专利实施过程中的技术、经营、市场、资金等因素对知识产权折现率的影响。

第三节 知识产权折现率确定方法的优化与发展

一、知识产权折现率的特点及其构成

鉴于现有的知识产权折现率确定方法存在诸多缺陷，因此有必要对其进行优化与发展，创建新的估算方法。要使新的估算方法符合知识产权折现率的内涵，首先必须明确知识产权折现率的特点及其构成。

（一）知识产权折现率的特点

知识产权资产与企业整体资产以及其他无形资产之间存在差异，因此其折现率也应区别于企业或者无形资产折现率。

1.知识产权折现率与企业折现率

知识产权折现率不同于企业价值评估中的折现率，二者的不同包括：企业预期的收入只有一部分归因于知识产权，而剩余部分则归因于流动资产、固定资产和其他一些无形资产；企业通常被假定是持续经营的，而知识产权（如专利权、著作权）的法律保护期一般是有限的；进行知识产权投资，未来能给企业带来的投资收益具有高度的不

确定性。因此，投资知识产权的风险一般要大于投资企业。

基于上述差异因素分析，知识产权折现率一般应大于企业价值评估中的折现率。2007年3月，学者Rudolf Stegink、Marc Schauten和Gijs de Graaff对2004年美国标准普尔500指数中上市公司的无形资产基准回报率（折现率）进行了实证研究，并将结果与加权平均资本成本、非杠杆权益成本率和杠杆权益成本率进行比较。研究结果显示，样本企业的加权平均资本成本、非杠杆权益成本率和杠杆权益成本率的平均值分别为8.25%，8.56%和9.17%，而经计算分析，无形资产的平均必要回报率为10.67%，大于各种模型所确定的企业折现率。

2.知识产权折现率与无形资产折现率

虽然同属于无形资产，但知识产权与其他的无形资产相比具有自己的特点：有更加确定的产生收益的能力，有确定的法律保护期，更加具有流动性，有更大的商业化和许可授权的可能性，具有更强的法律保护和司法上的认可。

上述特点意味知识产权比其他无形资产的风险要小一些，投资者对投资知识产权的期望报酬要低于其他无形资产投资，即知识产权折现率要小于一般的无形资产折现率。

（二）知识产权折现率的构成

如前所述，折现率由无风险报酬率与风险报酬率两部分构成。其中，无风险报酬率常用国库券的利率或银行储蓄的利率来进行量化，而风险报酬率反映资产拥有者获得预期收益所承担的风险大小。

关于知识产权价值评估面临的风险，有观点认为，应考虑技术风险、市场风险、资金风险及经营风险；也有观点认为，知识产权资产面临的风险主要有政策风险、技术风险、市场风险、生产风险和其他风险；还有观点认为，主要是考虑无形资产的开发风险、产品市场风险、企业经营风险与财务风险、行业风险等。上述提及的各种风险因素的确都属于知识产权价值评估面临的风险，但这些观点的提法有的不全面，有的则不系统、不成体系。尽管知识产权本身具有一种超额获利能力，但要发挥其生产经营要素功能，还必须借助其他资产，必须与其他资产相结合才能实现。因此，在预测知识产权预期收益时，需要假定其在一个既定的载体中被正常使用所能产生的预期客观收益。与此相应，在选择和判断知识产权折现率时，要与预期收益时所依据的载体相适应。知识产权价值评估所面临的风险可归纳为两大部分：一是知识产权本身的特有风险，二是知识产权所依附载体的风险。

综上分析，知识产权折现率应由无风险报酬率、知识产权载体风险报酬率和知识产权特有风险报酬率三个部分构成，即知识产权折现率 = 无风险报酬率 + 知识产权载体风险报酬率 + 知识产权特有风险报酬率。

二、扩展资本成本模型

前述知识产权折现率的构成公式中，无风险报酬率与知识产权载体风险报酬率之和可被称为知识产权载体报酬率，故知识产权折现率的构成也可表示为：知识产权折现率 = 知识产权载体报酬率 + 知识产权特有风险报酬率。知识产权所依附的载体可能包括企业的各种资产，故知识产权载体报酬率一般也就是企业资产的报酬率。由于企业经营中的一个基本目标是各项资产获取的收益至少要能够弥补筹集资金的成本，故企业资产的报酬率就等于企业加权平均资本成本。综上分析，知识产权折现率可以在企业加权平均资本成本模型确定的报酬率基础上再加上知识产权特有风险报酬率予以估算。笔者所构建的这种确定知识产权折现率的新方法，实际上是在加权平均资本成本模型基础之上的扩展，故将其命名为扩展资本成本模型。该模型可用数学公式表示如下：

$$R = \mathrm{WACC} + R_{ip}$$

式中：R——知识产权折现率；

WACC——加权平均资本成本；

R_{ip}——知识产权特有风险报酬率。

需要注意的是，《资产评估执业准则——无形资产》第二十二条规定：“保持预期收益口径与折现率口径一致。”如果在用收益法评估知识产权资产时估算的收益额为税后收益，则折现率也应为税后口径；反之，则应为税前口径，即上式中的加权平均资本成本应为税前资本成本(WACCBT)。WACCBT是期望的税前股权回报率和债权回报率的加权平均值，计算公式为：

$$\text{WACCBT} = \frac{E}{D+E} \times \frac{K_e}{1-t} + \frac{D}{D+E} \times K_d$$

笔者所构建的扩展资本成本模型既考虑了知识产权资产所依附的载体——企业资产的风险，又考虑了知识产权的特有风险，符合知识产权折现率的构成与特点，使计算结果不再只是一个替代值，而就是知识产权折现率。

三、知识产权特有风险报酬率的确定

知识产权特有风险报酬率是扩展资本成本模型的关键因素，要想对其进行科学的量化，首先必须对其进行全面而综合的风险辨识，然后再进行定量评价，估算出知识产权特有风险报酬率。

（一）知识产权特有风险辨识

知识产权特有风险辨识的目的是分析要评估的知识产权存在哪些风险，以及引起风险的主要因素是什么。知识产权包含的风险种类繁多，而引起风险的因素更多、也更为复杂。知识产权特有风险辨识就是要在众多的风险因素中找出重大的风险和主要的影响因素，并构建一个系统的风险指标体系。

基于收益法的基本原理，知识产权的风险应与其收益相匹配。因此，我们可以从知识产权收益的实现过程来分析知识产权特有风险的内容。以专利权为例，通常情况下在评估基准日之后，知识产权收益的实现过程主要历经专利技术投入生产和相关产品进入市场销售两个阶段。在生产阶段，专利权技术水平的高低、专利产品生产所需的投入资金情况，以及生产经营管理质量的优劣将影响知识产权收益的实现情况，与此相关的风险主要是技术风险、资金风险和经营管理风险。当与专利相关的产品进入市场销售，其所面临的主要是市场风险。上述风险的辨识过程，如图2-1所示。

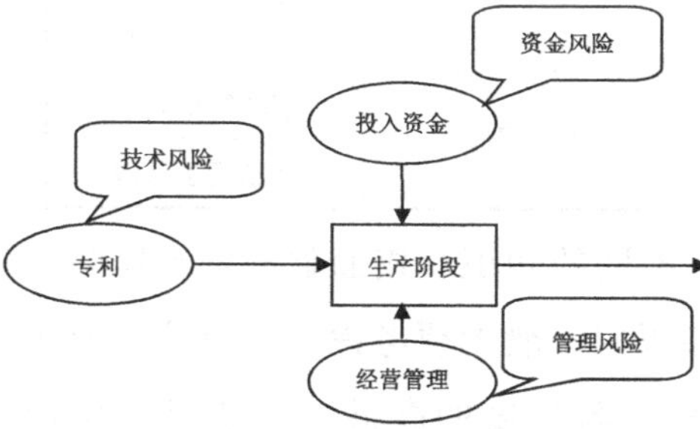

图2-1　知识产权特有风险的辨识（以专利权为例）

知识产权特有风险的辨识仅仅是第一阶段的工作，接下来还要对四项风险各自的主要影响因素进行科学分析。一般来说，技术风险应考虑技术转化风险、技术替代风险、技术权利风险及技术整合风险，资金风险应考虑融资风险及流动资金风险，管理风险应考虑销售服务风险、质量管理风险以及技术开发风险，市场风险应考虑市场容量风险及市场竞争风险。综合上述，可构建一个较为完整和系统的知识产权特有风险指标体系，如表2-2所示。

表2-2 知识产权特有风险指标体系（以专利权为例）

第一层次指标	第二层次指标	第三层次指标
知识产权特有风险	技术风险	技术转化风险
		技术替代风险
		技术权利风险
		技术整合风险
	资金风险	融资风险
		流动资金风险
	管理风险	销售服务风险
		质量管理风险
		技术开发风险
	市场风险	市场容量风险
		市场竞争风险

需要说明的是，不同的知识产权面临的特有风险也是不同的，如商标权和版权一般无须考虑技术风险。对于知识产权特有风险因素风险程度的高低，一般可以做定性分析。

（1）技术转化风险。技术转化风险的高低可以依据专利技术所处的应用阶段进行判断。如果专利技术处于工业化生产阶段，则一般认为技术转化风险极低；处于小批量生产阶段，则风险程度很低；处于中试阶段，则风险程度较低；处于小试阶段，则风险程度很高；处于实验室阶段，则一般认为风险程度极高。

（2）技术替代风险。技术替代风险的高低可以依据是否存在替代产品进行判断。如果专利技术不存在替代产品，则一般认为风险程度极低；如果存在若干替代产品，则风险程度较低；如果替代产品较多，则一般认为风险程度极高。

（3）技术权利风险。技术权利风险的高低可以依据专利技术的种类及其所处的阶段进行判断。如果专利技术为发明专利，或经过无效、撤销及异议的实用新型专利，则一般认为风险程度很低；如果是实用新型专利，则风险程度较高；如果是处于申请阶段的专利，则一般认为风险程度极高。

（4）技术整合风险。技术整合风险的高低可以依据相关技术的存在与完善情况进行判断。如果相关技术完善，则一般认为风险程度极低；如果相关技术在细微环节需要进行一些调整，以配合待估专利技术的实施，则风险程度很低；如果相关技术在某些方面需要进行一些调整，则风险程度较低；如果某些相关技术还需要进行开发，则风险程度较高；相关技术的开发存在一定的难度，则风险程度很高；如果相关技术尚未出现，则一般认为风险程度极高。

（5）融资风险。融资风险的高低可以依据专利技术产品项目所需投资额的高低进行判断。如果项目所需的投资额低，则一般认为风险程度极低；如果项目所需的投资额中等，则风险程度较低；如果项目所需的投资额高，则一般认为风险程度极高。

（6）流动资金风险。流动资金风险的高低同样可以依据专利技术产品项目所需流动资金投资额的高低进行判断。

如果项目所需的流动资金投资额低，则一般认为风险程度极低；如果项目所需的流动资金投资额中等，则风险程度较低；如果项目所需的流动资金投资额高，则一般认为风险程度极高。

（7）销售服务风险。销售服务风险的高低可以依据企业销售网点和销售人员的现状进行判断。如果已有销售网点和人员，则一般认为风险程度极低；如果除利用现有网点外，还需要建立一部分新销售服务网点，风险程度很低；如果必须开辟与现有网点数相当的新网点并增加新的人力资源投入，则风险程度较高；如果全部是新网点和新的销售服务人员，则一般认为风险程度极高。

（8）质量管理风险。质量管理风险的高低可以依据企业质保体系的完善程度进行判断。如果企业质保体系建立完善，实施全过程质量控制，则一般认为风险程度极低；如果质保体系建立但不完善，大部分生产过程实施质量控制，则风险程度较低；质保体系尚待建立，只在个别环节实施质量控制，则一般认为风险程度极高。

（9）技术开发风险。技术开发风险的高低可以依据企业的技术力量和研发投入情况进行判断。如果企业技术力量强，研发投入高，则一般认为风险程度极低；如果技术力量较强，研发投入较高，则风险程度较低；如果技术力量一般，有一定研发投入，则风险程度较高；如果技术力量弱，研发投入少，则一般认为风险程度极高。

（10）市场容量风险。市场容量风险的高低可以依据市场容量的大小以及市场发展前景进行判断。如果市场总容量大且平稳，则一般认为风险程度极低；市场总容量一般但发展前景好，则风险程度很低；市场总容量一般且发展平稳，则风险程度较低；如果市场总容量小并呈增长趋势，则风险程度很高；如果市场总容量小且发展平稳，则一般认为风险程度极高。

（11）市场竞争风险。市场竞争风险额高低可以依据市场竞争状况进行判断。如果市场为新市场，无其他厂商，则一般认为风险程度极低；如果市场中厂商数量较少，且其实力无明显优势，则风险程度很低；如果市场中厂商数量较多，但其中有几个厂商具有较明显的优势，则风险程度较高；如果市场中厂商数量众多，且自身无明显优势，则一般认为风险程度极高。

（二）知识产权特有风险评价

知识产权特有风险的评价，就是在风险辨识的基础上采用一定的方法度量知识产权特有风险的大小。前述对知识产权特有风险的判断是一种定性分析，如何进行量化计算，在目前的评估实践中，一般认为“没有具体的模型或公式来量化知识产权准确的风险溢价”，最终的估算“取决于分析师的研究、经验和判断”。

笔者经过研究后认为，在确定知识产权特有风险报酬率的过程中，可以借鉴模糊评价的一些理论方法。1965年，美国加利福尼亚大学的控制论专家Zedeh教授发表了著名的

“Fuzzy Sets”，标志着模糊评价的诞生。它是用数学方法研究和处理具有“模糊性”现象的数学问题，故通常称为模糊评价。日常生活中经常会有一些模糊概念，外延不清楚，数量难以确定，过去一直无法应用精确数学方法进行量化处理，而模糊评价的诞生使得模糊概念可以应用数学方法去处理，并在一定的精确度上定量化。对于知识产权来说，由于各项特有风险因素均属于定性指标，具有模糊性的特点，因此可以利用模糊评价理论方法去估算知识产权特有风险报酬率，定性与定量相结合，将经验判断程序化、量化，得到一个比较接近真实值的数据。

四、基于模糊评价的知识产权特有风险报酬率估算模型

（一）风险评价指标的权重确定

在指标体系中，各指标对目标的重要程度是不同的，当衡量各指标对目标的贡献时，应赋予不同的权重。计算权重的方法多种多样，主要包括专家调查法（Delphi法）、层次分析法、区间打分法、特征向量法等。由于层次分析法是系统分析中的一种实用又简洁的多准则决策方法，故这里采用该方法来确定风险评价指标的权重。

层次分析法（AHP）是将决策有关的因素分解成目标、准则、方案等层次，在此基础上进行定性和定量分析的决策方法。它是美国运筹学家Saaty教授20世纪70年代提出的

针对多目标、多准则或无结构特性的复杂决策问题的一种决策分析方法。该方法把一个复杂问题表示为有序的递阶层次结构，通过人们对决策方案好坏的判断进行排序。层次分析法能够统一处理决策中的定性与定量因素，具有实用性、系统性、简洁性等优点。利用层次分析法确定知识产权特有风险评价指标权重的计算方法如下：

1. 构建判断矩阵

表2-1所确定的知识产权特有风险指标体系实质上构成了一个递阶层次结构模型。根据模型表示的层次和元素间的联系，构建由某一元素与相邻下一层次有联系的所有元素的比较判断矩阵。例如，n个元素之间相对重要性的比较得到一个两两比较判断矩阵A。

$$A=\begin{bmatrix} a_{11} & a_{12} & \cdots & a_{1n} \\ a_{21} & a_{22} & \cdots & a_{2n} \\ \cdots & \cdots & \cdots & \cdots \\ a_{n1} & a_{n2} & \cdots & a_{nn} \end{bmatrix}=\left(a_{ij}\right)_{n\times n}$$

该矩阵用以表示同一层次各个指标相对重要性的判断值，由若干位专家来判定。考虑到专家对若干指标直接评价权重的困难，在对指标的相对重要程度进行测量时，可采取Saaty提出的1～9标度方法。该方法的比较标度值及含义，如表2-3所示。

表2-3　Saaty的标度值及其语言含义

Saaty的标度值	语言含义
1	同等重要

续 表

Saaty的标度值	语言含义
3	略微重要
5	重要
7	很重要
9	绝对重要
2,4,6,8	相对的中间含义

判断矩阵A具有下列性质：$a_{ij}>0$，$a_{ij}=1/a_{ij}$，$a_{ii}=1$。

2.层次单排序及一致性检验

根据层次分析法的基本原理，判断矩阵A对应最大特征值λ_{max}的特征向量W，经归一化后即为同一层次相应元素对于上一层次某一元素相对重要性的排序权值，这一过程称为层次的单排序。运用判断矩阵A解出层次单排序的重要前提为矩阵A应该满足一致性的要求，所以必须对判断矩阵做一致性检验。计算排序权重向量的方法较多，这里采用常用的特征根法。其公式为：

$$W_i=\frac{(\prod_{j=1}^{n}a_{kj})^{\frac{1}{n}}}{\sum_{k=1}^{n}(\prod_{j=1}^{n}a_{kj})^{\frac{1}{n}}},\qquad i=1,\ 2,\ \cdots,\ n$$

计算步骤如下：

第一步，A的元素按行相乘得一新向量；

第二步，将新向量的每个分量开n次方；

第三步，将所得向量归一化后即为权重向量W。

上述排序权重是由经验和判断形成的比较判断矩阵计

算得到的，主观的经验和判断是否有客观一致性，即排序权重是否有满足性要求，必须进行检验。检验方法按以下步骤进行：

第一步，计算判断矩阵的最大特征根λ_{max}。

$$\lambda_{max} = \sum_{i=1}^{n} \frac{(AW)_i}{n \times W_i}$$

式中，$(AW)_i$表示向量AW的第i个元素。

第二步，计算一致性指标CI（consistency index）。

$$CI = \frac{\lambda_{max} - n}{n - 1}$$

第三步，查找相应的平均随机一致性指标RI（random index）。表2-4给出了1～15阶正互反矩阵计算1 000次得到的平均随机一致性指标。

表2-4　平均随机一致性指标

矩阵阶数n	1	2	3	4	5	6	7	8	9
RI	0	0	0.58	0.90	1.12	1.24	1.32	1.41	1.45

第四步，计算性一致性比例CR（consistency ratio）。

$$CR = \frac{CI}{RI}$$

当$CR < 0.1$时，认为判断矩阵的一致性是可以接受的；当$CR \geqslant 0.1$时，应该对判断矩阵做适当修正。

3. 层次总排序及一致性检验

通过上述计算得到的是一组元素对其上一层中某元素

的权重向量。最终要得到各元素，特别是最低层中各元素对于目标的排序权重，即所谓总排序权重，从而进行方案的选择。总排序权重需要自上而下地将单准则下的权重进行合成，并逐层进行总的判断一致性检验。

（二）专家评价的集值统计处理

鉴于知识产权专业性较强的特点，笔者认为应借助专家的力量，聘请相关专家对各项风险因素进行评价。对不同专家的评价最后进行综合，如叶巧玲等（2000）提出可利用模糊综合评价法进行综合分析。这种方法的确可以对风险的大小做出评估，但是无法衡量在专家参与的情况下判断的准确度问题。笔者经过研究后认为，可以利用集值统计模型进行分析评价。集值统计是经典统计和模糊统计的一种推广。经典统计在每次实验中得到相空间的一个确定点，而集值统计每次实验中得到的是一个模糊子集。因此，可以利用集值统计处理不确切的判断，而且方便集中多种不同意见，减少专家判断中的随机误差。对知识产权特有风险指标进行评价和集值统计处理的方法步骤如下：

1.指标评价的确定

在对知识产权特有风险进行评价时，由于客观因素的复杂性、不确定性和动态性，以及专家具有的知识、经验的有限性，使专家没有把握对每个风险因素做出精确判断。于是在指标进行评价时，对知识产权特有风险的大小给出的是一个区间估计值，记为$[u_1^{(k)}, u_2^{(k)}]$，其中k表示专家k，风险较大的用区间上较大的数值$u_2^{(k)}$表示，风险较小的用区间上较小的数值$u_1^{(k)}$表示，$u_1^{(k)} \leqslant u_2^{(k)}$。若有$n$个专家，便可以得到$n$个判断区间值，从而形成一个集值统计序列：$[u_1^{(1)}, u_2^{(1)}]$，$[u_1^{(2)}, u_2^{(2)}]$，…，$[u_1^{(n)}, u_2^{(k)}]$。这$n$个子集叠加在一起形成覆盖在评价值轴上的一种分布。这种分布可用下式表示：

$$\overline{X}(u) = \frac{1}{n}\sum_{k=1}^{n} x_{[u_1^{(k)}, u_2^{(k)}]^u}$$

其中，$x_{[u_1^{(k)}, u_2^{(k)}]^u} = \begin{cases} 0, & \text{其他}, \\ 1, & u_1^{(k)} \leqslant u \leqslant u_2^{(k)}, \end{cases}$

$\overline{X}$被称为样本落影函数。

那么风险大小的估计值可以由下式得到：

$$\bar{u} = \int_{u_{\min}}^{u_{\max}} u \cdot \overline{X}(u)\mathrm{d}u \Big/ \int_{u_{\min}}^{u_{\max}} \overline{X}(u)\mathrm{d}u$$

其中，$u_{\max}$和$u_{\min}$分别为值u可能取得的最高、最低值。上式中分子表示以分布$\overline{X}$（u）为权重意义下评价者对指标估计的平均取值。各估计值的权重总和为$\int_{u_{\min}}^{u_{\max}} \overline{X}(u)\mathrm{d}u$，该值可能不等于1，做归一化处理，指标评价的计算式可以证明为：

$$\bar{u} = \frac{1}{2}\sum_{k=1}^{n}[(u_2^{(k)})^2 - (u_1^{(k)})^2] \Big/ \sum_{k=1}^{n}[u_2^{(k)} - u_1^{(k)}]$$

2. 指标评价值可靠程度的判断

利用上述方法除了获得$\bar{u}$以外，还可以通过分析$\overline{X}$（u）获得专家对风险大小判断的把握程度。当n个评价区间的分布比较集中时，说明专家们对风险大小判断的把握程度较高，意见较统一，此时$\overline{X}$（u）的形状比较“尖瘦”；反之，若判断区间不集中，意见不一致时，$\overline{X}$（u）的形状比较“扁平”。故令置信度b为专家判断可靠程度的一种度量：

$$b = \frac{1}{1+g}$$

其中，$g = \int_{u_{\min}}^{u_{\max}}(u - \overline{u})\cdot\overline{X}(u)\mathrm{d}u / \int_{u_{\min}}^{u_{\max}}\overline{X}(u)\mathrm{d}u$.

可以证明：

$$g = \frac{1}{3}\sum_{k=1}^{n}[(u_2^{(k)} - \overline{u})^3 - (u_1^{(k)} - \overline{u})^3)] / \sum_{k=1}^{n}[u_2^{(k)} - u_1^{(k)}]$$

显然，由于$g \geqslant 0$，所以$0 < b \leqslant 1$。g越大，b越靠近0，说明对指标的评价越离散，反映了专家整体上对风险评价的把握程度越小；反之，g越小，b越接近1，说明指标的评价值越集中，反映了专家整体上对风险评价的把握程度越大。

3.风险系数的综合评定

对风险的整体评价计算式如下：

$$Z = \sum_{k=1}^{n} w_i \cdot u_i$$

式中：Z——知识产权特有风险系数；

w_i——第i个风险的权重；

u_i——第i个风险大小的评价值。

最终风险系数的取值范围在0～1，分值越高，说明知识产权特有风险越大，反之说明风险越小。

（三）计算知识产权特有风险报酬率

基于“风险—报酬权衡”原则，根据知识产权价值评估特有风险报酬率的取值范围和风险系数计算最终的知识产权特有风险报酬率。计算公式如下：

$$R_{ip} = R_{pm}^{m} + (R_{ip}^{M} - R_{ip}^{m}) \times Z$$

上式中的R_{ip}^{M}和R_{ip}^{m}分别表示知识产权特有风险报酬率的最高估计值和最低估计值，其数值的获取目前尚无较好的方法。笔者建议，可以根据分析参考企业的无形资产必要回报率与加权平均资本成本率等数据来予以确定，其计算程序如下：

（1）选择参考企业并求取其各自的加权资金成本；

（2）根据无形资产投资回报率的公式计算各参考企业的无形资产投资回报率；

（3）在无形资产投资回报率的基础上结合职业判断，确定各参考企业的知识产权折现率；

（4）计算各参考企业的知识产权折现率与加权资金成本的差额，取最大和最小两个差额数值作为R_{ip}^{M}和R_{ip}^{m}。

（四）利用Excel建模

在确定风险评价指标的权重以及对专家评价进行处理时，分别用到层次分析法和集值统计处理。这些数学方法的计算公式较为复杂，运算的工作量较大。美国微软公司（Microsoft公司）推出的Excel软件工具，是一个功能强大、技术先进、使用方便的表格式数据综合管理与分析软件工具。我们可以利用Excel软件建立层次分析法和集值统计处理的计算模型，极大地提高工作质量和工作效率。

1.利用Excel建立层次分析法模型

先在工作簿中建立两张工作表，分别命名为“N阶判断矩阵计算”和“计算结果”。因为要将程序模板设计成N阶的模式，所以在进入模板之前必须确立一个数值，也就是N等于几。通过程序变量取到N的值，根据矩阵的排列顺序，利用for循环自动将“N阶判断矩阵计算”表中需要输入数据的单元格，以及“计算结果”表中的结果显示区域的背景设置为白色，方便使用。我们利用Excel的VBA编辑器编写启动代码如下：

```
Dim num As Integer
num = InputBox("请输入阶乘的数目")
MsgBox "请在白色区域输入您要计算的数据"
For i = 3 To num + 1
   For j = i - 1 To num
      ActiveSheet.Range(Cells(i, j).Address).Interior.ColorIndex = 0
   Next j
Next i
For m = 3 To num + 2
   ActiveSheet.Range(Cells(m, m - 2).Address).Value = 1
Next m
For n = 5 To num + 4
   Sheets("计算结果").Range(Cells(n, 1).Address).Interior.ColorIndex = 0
Next n
```

然后，再利用Excel的VBA编辑器建立一个宏文件（命名为“AHP”）如下：

```
Dim m()
Dim wa()
Dim aw()
Dim n As Integer
n = ActiveSheet.UsedRange.Columns.Count
For i = 3 To n + 1
   For j = i - 1 To n
      If ActiveSheet.Range(Cells(i, j).Address).Value = "" Then
         MsgBox "请将白色区域数字填好后再执行本程序！"
         End
      End If
   Next j
Next i
For x = 3 To n + 1
   For y = x To n + 1
      ActiveSheet.Range(Cells(y + 1, x - 2).Address).Value = 1 / ActiveSheet.Range(Cells(x, y - 1).Address).Value
   Next y
Next x
Select Case n
   Case 1
      ri = 0
   Case 2
      ri = 0
   Case 3
      ri = 0.58
   Case 4
      ri = 0.9
   Case 5
      ri = 1.12
```

```
  Case 6
    ri = 1.24
  Case 7
    ri = 1.32
  Case 8
    ri = 1.41
  Case 9
    ri = 1.45
End Select
For i1 = 1 To n
  ReDim m(i1)
  ReDim wa(i1)
  ReDim aw(i1)
Next i1
For i2 = 1 To n
  m(i2) = 1
  For j2 = 1 To n
    m(i2) = m(i2) * ActiveSheet.Range(Cells(i2 + 2, j2).Address).Value
  Next j2
  m(i2) = m(i2) ^ (1 / n)
  ms = ms + m(i2)
Next i2
For i3 = 1 To n
  wa(i3) = m(i3) / ms
Next i3
For i4 = 1 To n
  For j4 = 1 To n
    aw(i4) = aw(i4) + wa(j4) * ActiveSheet.Range(Cells(i4 + 2, j4).Ad-
dress).Value
  Next j4
Next i4
For i5 = 1 To n
  Sheets("计算结果").Range(Cells(i5 + 4, 1).Address).Value = wa(i5)
```

```
Next i5
For m1 = 1 To n
  Max = Max + (aw(m1) / (n * wa(m1)))
Next m1
Sheets("计算结果").[B5].Value = Max
ci = (Max - n) / (n - 1)
Sheets("计算结果").[C5].Value = ci
Sheets("计算结果").[D5].Value = ri
cr = ci / ri
Sheets("计算结果").[E5].Value = cr
If cr < 0.1 Then Sheets("计算结果").[E2].Value = "通过"
If cr > 0.1 Then Sheets("计算结果").[E2].Value = "不通过"
```

2. 利用Excel建立集值统计处理模型

在工作簿中建立两张工作表，分别命名为“集值统计处理”和“计算结果”。利用Excel的VBA编辑器建立一个宏文件（命名为“jizhi”）如下：

```
Dim s
Dim g As String
h = ActiveSheet.UsedRange.Rows.Count
l = ActiveSheet.UsedRange.Columns.Count
s1 = 0
For i = 1 To h
  For j = 1 To l - 1
     s1 = ActiveSheet. Range (Cells (i, j + 1). Address). Value ^ 2 - ActiveSheet.Range(Cells(i, j).Address).Value ^ 2 + s1
     s2 = ActiveSheet.Range(Cells(i, j + 1).Address).Value - ActiveSheet.Range(Cells(i, j).Address).Value + s2
  Next j
Next i
s = (s1 / s2) / 2
```

```
Sheets("计算结果").[$b$2].Value = s
For m = 1 To h
   For n = 1 To l - 1
      g1 = (ActiveSheet.Range(Cells(m, n + 1).Address).Value - s) ^ 3 -
(ActiveSheet.Range(Cells(m, n).Address).Value - s) ^3 + g1
   Next n
Next m
g = (g1 / s2) / 3
b = 1 / (1 + g)
Sheets("计算结果").[$b$3].Value = b
```

五、扩展资本成本模型的评析

以上构建的扩展资本成本模型是对知识产权折现率确定方法的优化与发展。该模型与现有的知识产权折现率确定方法相比，具有明显的优势。

（1）扩展资本成本模型既考虑了知识产权资产所依附的载体——企业资产的风险，又考虑了知识产权的特有风险，综合评估基准日的利率、投资回报率、资本成本，以及知识产权实施过程中的技术、经营、市场、资金等因素。这符合知识产权折现率的构成与特点，使得其计算结果不再只是一个替代值，而就是知识产权折现率。

（2）扩展资本成本模型采用定量评价与定性评价相结合的计算模式，利用加权平均资本资产模型估算知识产权载体报酬率。这使得需要进行定性评价（知识产权特有风险报酬率）的内容范围和结果的数值范围大大缩小，提高计算结果的可信度。

（3）扩展资本成本模型采用模糊评价方法对知识产权特有风险进行量化，建立基于集值统计原理和层次分析法的知识产权特有风险报酬率估算模型，并且利用Excel建模来辅助计算，将经验判断程序化、量化，使知识产权特有风险报酬率的估算更为科学和精细。

第四节 扩展资本成本模型案例分析

一、案例背景资料

SY公司隶属某大型国有企业下属的上市公司，是我国冶金行业领域装备制造的大型骨干企业。SY公司经营范围包括：冶金装备、冶金、矿山、电力、石油、化工、煤炭、环保设备及配件制造电气工程控制设备设计、制造；压力容器、起重机械制造；设备安装调试、技术开发、咨询服务。SY公司对未来国内GMB产品市场前景看好，准备利用GMB产品制造技术中的部分专利作为出资与YSGF企业设立新公司，生产和销售GMB产品。因此，SY公司委托评估公司对其拟出资的GMB专利进行评估，为企业出资提供价值参考意见。

技术的评估方法有三种，即重置成本法、市场比较法和收益现值法。一般认为技术的价值特别是高科技成果的价值用重置成本法很难反映其价值。因为该类资产的价值主要表现在高科技人才的创造性智力劳动，其劳动成果很难以劳动力成本来衡量。基于以上因素，本次评估没有采用重置成本法。结合本次评估技术的自身特点及市场交易情况，据市场调查及有关业内人士的介绍，目前国内没有类似技术的转让案例，由于无法找到可对比的历史交易案例及交易价格数据，故市场比较法也不适用于本次评估。由于上述两种评估方法的局限性，本次评估采用了基于预期收益的方法——收益现值法。

二、折现率的确定

1.选择参考企业

经过比较分析，选择四家上市公司作为参考企业，分别是QC发展、BL电气、ZH科技、DS天工。

2.计算税前资本成本

由于本次评估采用技术提成法，提成方式计算的技术贡献现金流为税前口径，因此在折现率的计算过程中采用与之相匹配的税前资本成本（WACCBT）。其计算过程如下：

（1）计算各参考企业的财务杠杆系数，并确定SY公司的目标财务杠杆系数；从专业资讯公司获取各参考企业的β系数（β_{Li}），再将其换算为没有财务杠杆的β系数（β_{Ui}），并确定SY公司的β系数（β_U）。计算过程如表2-5所示。

表2-5　SY公司的目标财务杠杆系数和β_U计算

参考企业	付息债务(D_i)/万元	股权市场价值(E_i)/万元	D_i/E_i	β_{Li}	参考企业税率	β_{Ui}
QC发展	26 115	281 039	9.29%	0.81	15.00%	0.75
BL电气	25 191	389 461	6.47%	0.82	15.00%	0.78
ZH科技	5 697	345 383	1.65%	0.93	15.00%	0.92
DS天工	45 958	231 920	19.82%	1.25	15.00%	1.07
平均值	—	—	9.31%	—	—	0.88

（2）计算SY公司目标财务杠杆系数的β系数（β_L），计算式如下：

$$\beta_L = 0.88 \times [1+（1-15\%）\times 9.31\%] = 0.95$$

（3）计算SY公司的权益资本成本。其中，在沪深两市选择从评估基准日到国债到期日剩余期限超过5年期的国债，并计算到期收益率，取所有国债到期收益率的平均值3.94%作为本次评估无风险收益率；参照美国相关部门估算股权风险收益率的思路，计算中国股市风险收益率为8.77%。SY公司在评估基准日的净资产账面值为4.656 3亿元，根据回归方程“3.139% - 0.248 5% × NA”计算其特有风险超额收益率为1.98%。综合上述资料，计算SY公司的权益资本成本如下：

$$K_e = 3.94\% + 0.95\times 8.77\% + 1.98\% = 14.25\%$$

（4）计算SY公司的税前资本成本。其中，取7.47%作为债权年期望回报率（K_d）。SY公司的税前资本成本（WACCBT）计算式如下：

$$\mathrm{WACCBT} = \frac{E}{D+E} \times \frac{K_e}{1-t} + \frac{D}{D+E} \times K_d$$

$$= 91.48\% \times \frac{14.25\%}{1-15\%} + 8.52\% \times 7.47\% = 15.97\%$$

3. 构建特有风险层次结构模型

评估人员经过充分调查研究，构建专利技术特有风险层次结构模型，如图2-2所示：

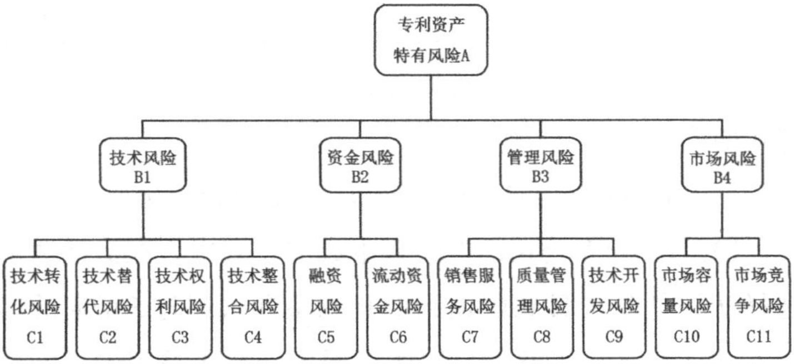

图2-2 专利特有风险层次结构模型

4. 风险评价指标的权重确定

评估人员综合专家的意见和自己的职业判断，构建判断矩阵并确定权重。

（1）根据层次结构模型构造第一层判断矩阵如下：

A-B	B_1	B_2	B_3	B_4
B_1	1	3	3	2
B_2	1/3	1	1	1/3
B_3	1/3	1	1	1/2
B_4	1/2	3	2	1

根据公式计算：

$M_1=\sqrt[4]{1\times3\times3\times2}=2.059\ 8$

$M_2=\sqrt[4]{0.33\times1\times1\times0.33}=0.574\ 5$

$M_3=\sqrt[4]{0.33\times1\times1\times0.5}=0.637\ 3$

$M_4=\sqrt[4]{0.5\times3\times2\times1}=1.316\ 1$

归一化处理：

$W_A=$（M_1，M_2，M_3，M_4）=（0.448 5，0.125 7，0.139 1，0.286 6）

计算判断矩阵的最大特征根：

$$AW=\begin{bmatrix}1 & 3 & 3 & 2\\ 1/3 & 1 & 1 & 1/3\\ 1/3 & 1 & 1 & 1/2\\ 1/2 & 3 & 2 & 1\end{bmatrix}\begin{bmatrix}0.448\ 5\\ 0.125\ 7\\ 0.139\ 1\\ 0.286\ 6\end{bmatrix}$$

$(AW)_1=0.448\ 5\times1+0.125\ 7\times3+0.139\ 1\times3+0.286\ 6\times2$
$=1.816\ 3$

$(AW)_2=0.448\ 5\times0.33+0.125\ 7\times1+0.139\ 1\times1+0.286\ 6\times0.33$
$=0.509\ 9$

$(AW)_3=0.448\ 5\times0.33+0.125\ 7\times1+0.139\ 1\times1+0.286\ 6\times0.5$
$=0.5577$

$(AW)_4=0.448\ 5\times0.5+0.125\ 7\times3+0.139\ 1\times2+0.286\ 6\times1$
$=1.1663$

$$\lambda_{\max}=\sum_{i=1}^{n}\frac{(AW)_i}{n\times W_i}=\frac{1.816\ 3}{4\times0.448\ 5}+\frac{0.509\ 9}{4\times0.125\ 7}+\frac{0.557\ 7}{4\times0.139\ 1}+\frac{1.166\ 3}{4\times0.286\ 6}=4.045\ 7$$

根据公式计算CI：

$$CI=\frac{\lambda_{\max}-n}{n-1}=\frac{4.045\,7-4}{4-1}=\frac{0.045\,7}{3}=0.015\,2$$

查表得：RI = 0.9，

$$CR=\frac{CI}{RI}=\frac{0.015\,2}{0.9}=0.016\,9$$

因为0.016 9 < 0.1，所以判断矩阵具有满意的一致性。

上述计算比较复杂，可以利用建立的Excel层次分析法模型完成运算，其运算过程及结果如下：

	A	B	C	D
1	N阶判断矩阵计算			
2	请在白色空格中填入数据：			
3	1	3	3	2
4	1/3	1	1	1/3
5	1/3	1	1	1/2
6	1/2	3	2	1

	A	B	C	D	E
1	计算结果				
2			检验结果：		通过
3	最大特征向量	最大特征值	一致性检验		
4			CI	RI	CR
5	0.4485	4.0457	0.0152	0.9000	0.0169
6	0.1257				
7	0.1391				
8	0.2866				

（2）根据层次结构模型构造第二层判断矩阵如下：

B_1-C	C_1	C_2	C_3	C_4
C_1	1	1	3	2
C_2	1	1	2	2
C_3	1/3	1/2	1	1
C_4	1/2	1/2	1	1

B_2-C	C_5	C_6
C_5	1	1
C_6	1	1

B_3-C	C_7	C_8	C_9
C_7	1	1/4	1/2
C_8	4	1	3
C_9	2	1/3	1

B_4-C	C_{10}	C_{11}
C_{10}	1	1/2
C_{11}	2	1

可以利用前述建立的Excel层次分析法模型完成计算，运算结果如下：

	A	B	C	D	E
1	计算结果				
2			检验结果：		通过
3	最大特征向量	最大特征值	一致性检验		
4			CI	RI	CR
5	0.3618	4.0206	0.0069	0.9000	0.0076
6	0.3270				
7	0.1477				
8	0.1635				

	A	B	C	D	E
1	计算结果				
2			检验结果：		通过
3	最大特征向量	最大特征值	一致性检验		
4			CI	RI	CR
5	0.5000	2.0000	0.0000	0.0000	
6	0.5000				

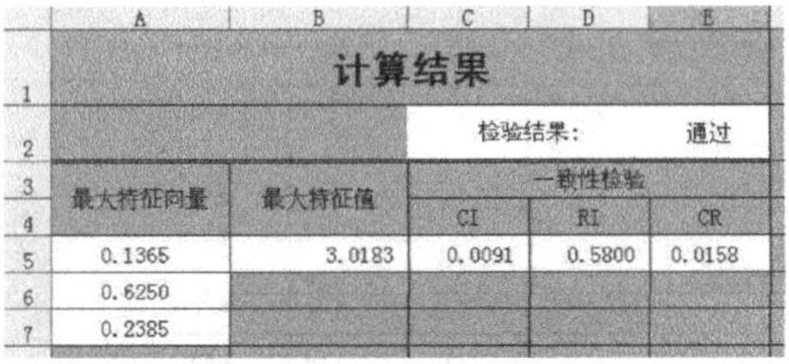

计算结果				
		检验结果:		通过
最大特征向量	最大特征值	一致性检验		
		CI	RI	CR
0.1365	3.0183	0.0091	0.5800	0.0158
0.6250				
0.2385				

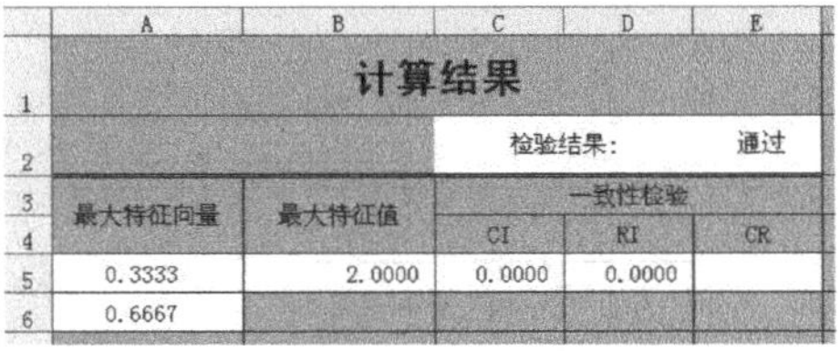

计算结果				
		检验结果:		通过
最大特征向量	最大特征值	一致性检验		
		CI	RI	CR
0.3333	2.0000	0.0000	0.0000	
0.6667				

（3）综上分析，计算层次总排序权重如表2-6所示.

表2-6　层次总排序权重

层次C	层次B				层次C的总排序
	B_1	B_2	B_3	B_4	
	0.448 5	0.125 7	0.139 1	0.286 6	
C_1	0.361 8	—	—	—	0.162 3
C_2	0.327 0	—	—	—	0.146 7
C_3	0.147 7	—	—	—	0.066 2
C_4	0.163 5	—	—	—	0.073 3
C_5	—	0.5	—	—	0.062 9
C_6	—	0.5	—	—	0.062 9
C_7	—	—	0.136 5	—	0.019 0
C_8	—	—	0.625 0	—	0.086 9
C_9	—	—	0.238 5	—	0.033 2
C_{10}	—	—	—	0.333 3	0.095 5
C_{11}	—	—	—	0.666 7	0.191 1

5. 专家评价的集值统计处理

本评估项目聘请10位专家组成风险评估小组对专利的风险进行评价，评价打分如表2-7所示。

表2-7 参考企业知识产权折现率与税前加权资金成本

参考企业	知识产权折现率	税前加权资金成本	差额
QC发展	17.77%	13.57%	4.20%
BL电气	15.58%	14.59%	0.99%
ZH科技	17.48%	16.21%	1.27%
DS天工	23.56%	17.89%	5.67%

该评价按照集值统计模型处理。

首先，计算技术转化风险的大小。

$$\bar{u} = \frac{1}{2} \times \frac{(0.2^2 - 0.1^2) + (0.3^2 - 0.1^2) + \cdots + (0.4^2 - 0.3^2)}{(0.2 - 0.1) + (0.3 - 0.1) + \cdots + (0.4 - 0.3)}$$
$$= 0.268\,8$$

其次，计算专家技术转化风险判断的置信度。

$$g = \frac{1}{3} \times \left\{\left[(0.2 - 0.268\,8)^3 - (0.1 - 0.268\,8)^3\right] + \cdots + \left[(0.4 - 0.268\,8)^3 - (0.3 - 0.268\,8)^3\right]\right\} / \left[(0.2 - 0.1) + \cdots + (0.4 - 0.3)\right]$$
$$= 0.008\,6,$$

$$b = \frac{1}{1 + g} = \frac{1}{1 + 0.008\,6} = 0.991\,5$$

同理可以计算出其他风险的评价值，如表2-7所示。这里也可利用建立的Excel集值统计处理模型完成上述计算。

例如，对技术转化风险的运算过程及结果如下：

	A	B
1	0.1	0.2
2	0.1	0.3
3	0.1	0.4
4	0.3	0.4
5	0.2	0.3
6	0.2	0.3
7	0.1	0.2
8	0.2	0.4
9	0.2	0.5
10	0.3	0.4

	A	B
1	计算结果	
2	u	0.2688
3	b	0.9915

同理也可以利用前述建立的Excel集值统计处理模型计算出其他风险的评价值。

从表2-8数据计算中可以看出，专家对各项风险因素评价的判断把握程度均高于0.98，说明专家们对风险大小判断意见较为一致。

表2-8　风险值判断情况

	1	2	3	4	5	6
技术转化风险	[0.1,0.2]	[0.1,0.3]	[0.1,0.4]	[0.3,0.4]	[0.2,0.3]	[0.2,0.3]
技术替代风险	[0.6,0.8]	[0.4,0.6]	[0.6,0.8]	[0.4,0.7]	[0.6,0.7]	[0.7,0.9]
技术权利风险	[0.1,0.2]	[0.1,0.2]	[0.1,0.2]	[0.2,0.3]	[0.1,0.2]	[0.1,0.3]
技术整合风险	[0.3,0.5]	[0.2,0.4]	[0.3,0.4]	[0.2,0.4]	[0.3,0.4]	[0.4,0.5]
融资风险	[0.3,0.5]	[0.3,0.4]	[0.4,0.6]	[0.6,0.7]	[0.3,0.5]	[0.4,0.6]
流动资金风险	[0.3,0.5]	[0.2,0.4]	[0.3,0.6]	[0.5,0.6]	[0.4,0.6]	[0.4,0.5]
销售服务风险	[0.4,0.6]	[0.3,0.6]	[0.3,0.6]	[0.4,0.6]	[0.3,0.6]	[0.3,0.5]

续 表

	1	2	3	4	5	6
质量管理风险	[0.5,0.7]	[0.3,0.6]	[0.6,0.8]	[0.5,0.7]	[0.5,0.6]	[0.5,0.6]
技术开发风险	[0.3,0.4]	[0.2,0.3]	[0.1,0.3]	[0.1,0.3]	[0.2,0.3]	[0.2,0.3]
市场容量风险	[0.3,0.6]	[0.5,0.7]	[0.4,0.7]	[0.3,0.6]	[0.3,0.8]	[0.4,0.7]
市场竞争风险	[0.5,0.8]	[0.4,0.7]	[0.5,0.7]	[0.6,0.8]	[0.5,0.7]	[0.4,0.8]
	7	8	9	10	$\overline{u}$	b
技术转化风险	[0.1,0.2]	[0.2,0.4]	[0.2,0.5]	[0.3,0.4]	0.268 8	0.991 5
技术替代风险	[0.6,0.7]	[0.5,0.7]	[0.5,0.8]	[0.6,0.8]	0.645 0	0.988 8
技术权利风险	[0.1,0.2]	[0.2,0.3]	[0.1,0.3]	[0.1,0.2]	0.183 3	0.997 0
技术整合风险	[0.2,0.4]	[0.3,0.5]	[0.3,0.4]	[0.2,0.4]	0.343 8	0.994 9
融资风险	[0.4,0.5]	[0.4,0.5]	[0.5,0.6]	[0.4,0.5]	0.464 3	0.992 3
流动资金风险	[0.4,0.6]	[0.4,0.6]	[0.4,0.6]	[0.4,0.5]	0.455 6	0.992 0
销售服务风险	[0.4,0.6]	[0.5,0.6]	[0.3,0.6]	[0.3,0.6]	0.462 5	0.993 1
质量管理风险	[0.6,0.7]	[0.5,0.6]	[0.4,0.6]	[0.5,0.7]	0.567 6	0.990 7
技术开发风险	[0.1,0.2]	[0.2,0.4]	[0.3,0.4]	[0.1,0.4]	0.250 0	0.993 9
市场容量风险	[0.4,0.5]	[0.3,0.4]	[0.3,0.5]	[0.5,0.6]	0.504 2	0.986 9
市场竞争风险	[0.4,0.5]	[0.4,0.6]	[0.5,0.8]	[0.4,0.6]	0.591 7	0.989 4

最后，计算该专利的特有风险系数。

$Z=0.268\ 8\times0.162\ 3+0.645\ 0\times0.146\ 7+\cdots+0.591\ 7\times0.1911$

$=0.461\ 1$

6.计算特有风险报酬率

（1）求取各参考企业的税前加权资金成本，计算结果如表2-9所示。

表2-9　参考企业税前加权资金成本计算

参考企业	QC发展	BL电气	ZH科技	DS天工
付息负债/万元	26 115	25 191	5 697	45 958
债权比例	8.5%	6.1%	1.6%	16.5%
股权市场价值/万元	281 039	389 461	345 383	231 920
股权价值比例	91.5%	93.9%	98.4%	83.5%
无风险收益率	3.94%	3.94%	3.94%	3.94%
平均股权风险收益率	8.77%	8.77%	8.77%	8.77%
公司特有风险收益率	0.97%	1.66%	1.76%	2.06%
税前股权收益率	14.14%	15.05%	16.35%	19.96%
债权收益率	7.47%	7.47%	7.47%	7.47%
适用所得税率	15%	15%	15%	15%
税前加权资金成本	13.57%	14.59%	16.21%	17.89%

（2）根据前述无形资产投资回报率的公式计算各参考企业的无形资产投资回报率，计算结果如表2-10所示。

表2-10　参考企业无形资产回报率计算

参考企业	QC发展	BL电气	ZH科技	DS天工
营运资金比重	29.02%	9.97%	13.82%	26.57%
营运资金回报率	7.47%	7.47%	7.47%	7.47%
有形非流动资产比重	17.12%	10.32%	6.15%	13.51%
有形非流动资产回报率	7.83%	7.83%	7.83%	7.83%
无形非流动资产比重	53.86%	79.71%	80.03%	59.92%
无形非流动资产回报率	18.7%	16.4%	18.4%	24.8%

（3）依据知识产权特点的分析，知识产权折现率要小于一般的无形资产折现率。因此，在无形资产投资回报率的基础上结合职业判断，统一按比例扣减5%确定各参考企业的知识产权折现率，并计算其与税前加权资金成本的差额，结果如表2-7所示。

（4）取表2-7中的最大差额数5.67%和最小差额数0.99%作为R_{ip}^{M}和R_{ip}^{m}。

（5）SY公司的GMB专利的特有风险报酬率计算如下：

$$R_{ip} = 0.99\% + (5.67\% - 0.99\%) \times 0.4611$$
$$= 3.15\%$$

7.计算折现率

综上计算，最后利用扩展资本成本模型，确定评估事项中专利技术折现率为：

$$R = \text{WACCBT} + R_{ip}$$
$$= 15.97\% + 3.15\% = 19.12\%$$

三、总结

1.研究成果述评

本章对知识产权折现率进行了深入、系统的研究，其创新之处为：

（1）对知识产权折现率的现有确定方法进行评析，指出其存在的缺陷。

（2）研究探讨知识产权折现率的特点与构成。

（3）优化与发展知识产权折现率的确定方法，创建扩展资本成本模型。扩展资本成本模型既考虑知识产权资产所依附的载体——企业资产的风险，又考虑知识产权的特有风险，综合评估基准日的利率、投资回报率、资本成本，以及知识产权实施过程中的技术、经营、市场、资金等因素。这符合知识产权折现率的构成与特点，使计算结果不再只是一个替代值，而是知识产权折现率。扩展资本成本模型采用定量评价与定性评价相结合的计算模式，使需要进行定性评价的内容范围和结果的数值范围大大缩小，提高了计算结果的可信度。

（4）引入模糊评价方法对知识产权特有风险定性指标进行量化，建立基于集值统计原理和层次分析法的知识产权特有风险报酬率估算模型，并且利用Excel建模来辅助计算，将经验判断程序化、量化，使得知识产权特有风险报酬率的估算更为科学和精细。本研究成果是对知识产权价值评估的主流方法——收益法的丰富与完善，可以为专业评估机构提供科学的知识产权价值评估折现率的确定方法，有利于其更好地提供专业性服务。

最后，专门针对评估折现率的计算进行应用举例。

本研究对实施国家知识产权战略，规范知识产权价值评估工作，提高评估公信度具有一定的实际意义。

2. 需要继续深入研究的问题

（1）扩展资本成本模型在知识产权价值评估实践中的应用研究。

（2）知识产权特有风险报酬率取值范围的研究。

（3）其他模糊评价方法在知识产权折现率估算中的应用研究。

（4）商标权、版权等评估案例的分析研究。

第三章　知识产权价值评估方法研究

第一节　集值统计与模糊评价相结合的知识产权评估值修正方法

知识产权价值的确定受多种因素的影响，计量具有模糊性。目前知识产权价值评估方法和模型较多，但评估结果大部分还需要进一步修正。笔者针对影响知识产权价值确定的主要因素构建评价体系，采用集值统计和模糊评价相结合对技术性资产的初评值进行纠偏处理，以期得到更精确的评估数值。

一、知识产权价值评估方法评价

在知识经济时代，知识产权对企业和国家的重要性不言而喻，因此知识产权价值评估也具有重要意义。在价值评估中评估方法是关键，目前知识产权价值评估主要方法如表3-1所示。

表3-1 知识产权价值评估常用方法及评价

评估方法	适用范围	简单评价
成本法	适用以资产的重置补偿为目的资产业务	适合固定资产类资产评估，实践中应用广，有利于资产保值和重置更新。但是参数、数据多，工作量大，不适合知识产权价值评估
市场法	一般适用整体资产评估和预测未来收益的单项资产评估	符合市场经济规律，能较好估算资产的价值，方法简单容易操作。但是由于知识产权的非横向可比性和技术市场不成熟性，目前不适合知识产权价值评估
收益法	用于能够获得三个以上可比参照情况，并且待评估知识产权与参照物的价值决定因素基本相同，能够量化	该方法反映持续经营目的下市场价格形成机制的特点，充分考虑预期收益、投资风险等因素，体现产权交易的公平合理性，评估结论较准确合理。但是预期收益、折现率、获益期限等参数的不确定性会增加评估难度
劳动价值论模型	适用物化劳动、活劳动价值的评估，并且新创价值能合理确定	模型多个系数的运算存在重复性，实际操作中缺乏科学依据。知识产权的劳动消耗难以确定，对于市场供需和技术生命周期阶段等影响因素的考虑不太严谨
效益分成模型	适用于知识产权创造的效益能够从新增效益中分离出来的情况	该方法遵循知识产权产生的价值原理，但是只考虑卖方垄断，未考虑买方垄断的情况，操作性不强
期权价格模型	适用专利技术的评估	该方法拓展了研究视野和研究思路，但是模型中的各个输入变量的确定方法有待研究

知识产权价值评估应从定性和定量两个方面把握。就目前而言，无论采用哪一种评估方法求得的知识产权价值评估价值都有必要进一步修正。本章所论述知识产权价值评估值修正方法的思路是：首先找到影响知识产权初评值

的因素，并构建指标体系；然后采用集值统计和模糊综合评价等模糊评价方法相结合计算纠偏系数；最后用初评值乘以纠偏系数，求得更为准确的知识产权价值评估值。

二、集值统计方法理论研究

集值统计方法是本书采用的一个重点方法。第二章第三节已经介绍了该方法的操作步骤，这里有必要介绍一下该方法的概率统计思想。集值统计方法是由汪培庄教授根据国内外研究模糊统计的进展而提出的，从概率统计角度分析就是求事件发生的隶属频度。确定论域X，取定X中的一个点x，已知X上的一个模糊概念A，给定x上与概念A相联系的普通集合A^*，与概念A相关联的条件S制约A^*的变动。条件S对A^*在范围内限制，A^*可以覆盖x，也可以不覆盖x，A^*覆盖x的次数与实验的总次数之比称为x对于A的隶属频率，即

$$x\text{对}A\text{的隶属频率}=\frac{x \in A^*\text{的次数}}{\text{实验次数}}$$

随着试验次数n的增加，隶属频率呈现稳定性，频率稳定的数称为x对于A的隶属度，落实到具体操作有四个步骤。第一步是求样本落影函数$\bar{x}(u)$。

$$\bar{x}(u)=\frac{1}{n}\sum_{k=1}^{n}x_{(u_1^{(k)},\ u_2^{(k)})^u} \qquad \cdots\cdots (1)$$

当$u_1^{(k)} \leqslant u \leqslant u_2^{(k)}$时，$x_{(u_1^{(k)},\ u_2^{(k)})^u}=1$，其他情况$x_{(u_1^{(k)},\ u_2^{(k)})^u}=0$，求评估风险大小的估价值$\bar{u}$。

$$\bar{u} = \frac{1}{2}\sum_{k=1}^{n}\left[\left(u_2^{(k)}\right)^2 - \left(u_1^{(k)}\right)^2\right] / \sum_{k=1}^{n}\left[u_2^{(k)} - u_1^{(k)}\right] \cdots\cdots (2)$$

求$\bar{u}$的置信度b。

$$b = \frac{100}{100 + g} \qquad \cdots\cdots (3)$$

其中，

$$g = \frac{1}{3}\sum_{k=1}^{n}\left[\left(u_2^{(k)} - \bar{u}\right)^3 - \left(u_1^{(k)} - \bar{u}\right)^3\right] / \sum_{k=1}^{n}\left[u_2^{(k)} - u_1^{(k)}\right] \cdots\cdots (4)$$

这里$0 < b \leqslant 1$，b越大，评价值越集中；b越小，评价值越离散。

三、模糊综合评价理论研究

1. 求得知识产权的初评值 E_0

用一种或多种方法结合得到知识产权的初评值E_0。

2. 建立评价因素集 U

评价因素集是以影响评判对象的各种因素为元素组成的集合，$U=\{u_1, u_2, \cdots, u_n\}$。评价因素的选择尽量把影响知识产权价值的所有主要因素都考虑进去，但各类知识产权的具体情况不同，影响价值的因素也各不相同，所以应视不同的知识产权确定不同的评价因素。这一过程可以征求各方意见综合考虑不断完善，最终确立一个满意的评价体系。

3. 确立评价因素权重集 W

评价因素集$W=(W_1, W_2, \cdots, W_m)$的评价因素权重确

定的方法比较多，我们这里用集值统计的方法确定。由于客观因素的复杂性和不确定性，以及专家本身具有的知识和经验的局限性，不可能给出一个精确的分值，只能够回答“大约多少”“在多少与多少之间”，所以要求专家打分时只给出一个区间估计值，这样相比经典统计更加客观科学。具体做法是：首先给专家发放带有知识产权价值影响因素的调查表（如表3-2所示），让专家参考评分标准评分。分数是一个区间估计值，也可以跨越等级，如打出[0.1，0.3]这样的估计值。然后，根据专家评出的区间估计值调整计算各影响因素的分值$\overline{u}$，进行归一化处理就得到各因素的权重。因为对各因素打的分数体现了因素的重要性，直接进行归一化计算权重，体现出分值和权重相一致。

表3-2　知识产权价值影响因素等级评价

影响因素等级	参考打分标准
很不重要	0 ~ 0.2
不重要	0.2 ~ 0.4
一般	0.4 ~ 0.6
重要	0.6 ~ 0.8
很重要	0.8 ~ 1

4. 确定评语集 *M*

评语集$M=$（M_1，M_2，M_3，M_4，…，M_n）是评价者（通常是有关专家）对初评值E_0给出的评价等级。评语集M主要有五种，$M=$（太低，偏低，合理，偏高，太高）。

5. 集值统计确定评语系数集 V_j

评语系数集 V_j=（v_1，v_2，…，v_m）是给评语集的评语赋予适当的系数组成的集合，同样用集值统计的方法确定评语系数集 V_j。首先，让专家选择评语集的评语对评价对象 E_0 作评价，并根据选择的评语给出对应系数的一个区间估计值。然后，根据专家打出的区间估计值调整计算出各评语的系数 $\bar{u}$，所有的评语系数 $\bar{u}$ 构成评语系数集 V_j。需要注意的是：评语等级越低评语系数越大，反之越小。另外，“合理”的权重应始终为1，这样做符合系数纠偏作用的要求。

6. 确定单因素评价矩阵 R

评价矩阵 R 需要通过专家调查得到。首先，针对每一因素向对应的专家发出调查表，让其在知识产权价值确定过程中，针对某一因素的评估，采用“太低、偏低、合理、偏高、太高”5种评语做出结论。利用算术平均法求出专家做出某一结论的比例，以此作为评价矩阵中的 r_{ij}，其他因素依次类推，最终可建立评价矩阵。例如，对第 j 个因素，征求100位专家的意见，其中有60位专家认为“合理”、20位专家认为“偏低”、20位专家认为“偏高”，那么可认为专家对第 j 种因素的评价集为结果 R_j=（0　0.2　0.6　0.2　0），此为评价矩阵的第 j 行，综合整理各因素的征求意见结果即可得单因素评价矩阵 R=（r_{ij}）$_{n\times m}$。

7. 模糊综合评价数学模型

当评价因素权重集 W 和单因素评价矩阵 R 为已知时，便可做模糊变换进行综合评价，模糊综合评价模型为：

$$B=W\cdot R=(b_1,\ b_2,\ \cdots,\ b_m) \qquad \cdots\cdots(5)$$

对B进行归一化处理得到模糊综合评价集B_j。

8.对初评值E_0纠偏

对模糊综合评价结果用加权平均法进行处理，以B_j为权重对评语系数集V_j进行加权可以得到。

$$C=\frac{\sum_{j=1}^{m}V_jB_j}{\sum_{j=1}^{m}B_j} \qquad \cdots\cdots(6)$$

式中，C就是纠偏系数。初评值E_0乘以纠偏系数，就得到较准确的知识产权价值评估E，即$E=E_0\times C$。

四、知识产权价值评估值修正方法应用研究

1.已知求得某项知识产权的初评值E_0

收益法评估某专有技术使用权5年的许可使用价值。未来5年使用该专有技术带来的年超额净利润平均为250万元，根据该专有技术状况，确定折现率为8%。其知识产权价值评估值应为250×（P/A 8% 5）= 998.175万元，即E_0=998.175万元。

2.建立评价因素集U

知识产权评价因素集U如图3-1所示。

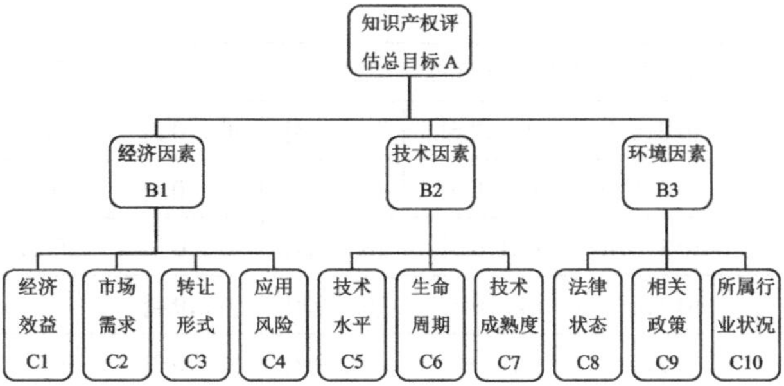

图3-1 评价因素集 U

3.确立评价因素权重集 W

知识产权评价因素权重集如表3-3所示。

表3-3 评价因素权重集

专家代码	经济效益	市场需求	应用风险	转让形式	技术水平
1	[0.5,0.8]	[0.3,0.6]	[0.2,0.5]	[0.1,0.2]	[0.4,0.6]
2	[0.6,0.7]	[0.4,0.6]	[0.3,0.5]	[0.3,0.5]	[0.4,0.6]
3	[0.5,0.7]	[0.4,0.6]	[0.4,0.6]	[0.2,0.5]	[0.5,0.6]
4	[0.7,0.8]	[0.3,0.5]	[0.4,0.6]	[0.3,0.4]	[0.4,0.5]
5	[0.6,0.8]	[0.3,0.6]	[0.4,0.5]	[0.1,0.4]	[0.5,0.6]
6	[0.6,0.8]	[0.3,0.6]	[0.4,0.6]	[0.2,0.5]	[0.5,0.7]
7	[0.7,0.9]	[0.4,0.6]	[0.4,0.5]	[0.2,0.3]	[0.5,0.6]
8	[0.7,0.8]	[0.5,0.6]	[0.5,0.6]	[0.3,0.4]	[0.5,0.7]
9	[0.7,0.9]	[0.4,0.6]	[0.4,0.6]	[0.1,0.4]	[0.4,0.7]
10	[0.5,0.8]	[0.3,0.6]	[0.4,0.5]	[0.1,0.3]	[0.5,0.6]
$\bar{u}$	0.697	0.443	0.451	0.299	0.544
b	0.991	0.990	0.993	0.989	0.994
w	0.175	0.111	0.113	0.075	0.137

续　表

专家代码	生命周期	技术成熟度	法律状态	相关政策	所属行业状况
1	[0.3,0.5]	[0.3,0.6]	[0.3,0.4]	[0.1,0.3]	[0.2,0.4]
2	[0.3,0.5]	[0.2,0.5]	[0.2,0.3]	[0.2,0.4]	[0.1,0.3]
3	[0.3,0.4]	[0.4,0.5]	[0.2,0.4]	[0.2,0.3]	[0.2,0.3]
4	[0.2,0.3]	[0.2,0.4]	[0.2,0.4]	[0.2,0.4]	[0.2,0.4]
5	[0.2,0.4]	[0.1,0.3]	[0.1,0.3]	[0.1,0.3]	[0.1,0.3]
6	[0.4,0.6]	[0.2,0.4]	[0.2,0.3]	[0.2,0.4]	[0.2,0.3]
7	[0.3,0.5]	[0.2,0.3]	[0.2,0.3]	[0.1,0.3]	[0.3,0.4]
8	[0.3,0.5]	[0.3,0.6]	[0.1,0.2]	[0.2,0.3]	[0.2,0.3]
9	[0.3,0.4]	[0.3,0.5]	[0.1,0.4]	[0.2,0.4]	[0.1,0.3]
10	[0.2,0.4]	[0.4,0.6]	[0.3,0.4]	[0.3,0.4]	[0.2,0.4]
$\bar{u}$	0.374	0.374	0.255	0.288	0.257
b	0.992	0.987	0.993	0.993	0.994
w	0.094	0.094	0.064	0.072	0.065

以“经济效益”一栏为例说明$\bar{u}$和b的确定过程。

根据公式（2）计算$\bar{u}$：

$$\bar{u} = \frac{1}{2} \times \frac{\left(0.8^2 - 0.5^2\right) + \left(0.7^2 - 0.6^2\right) + \cdots + \left(0.8^2 - 0.5^2\right)}{(0.8 - 0.5) + (0.7 - 0.6) + \cdots + (0.8 - 0.5)}$$

$$= \frac{2.65}{3.8} = 0.697\,368$$

根据公式（4）计算g：

$$g = \frac{1}{3} \times \left\{\left[(0.8 - 0.697\,368)^3 - (0.5 - 0.697\,368)^3\right] + \left[(0.7 - 0.657\,368)^3 - (0.6 - 0.657\,368)^3\right] + \cdots + \left[(0.8 - 0.697\,368)^3 - (0.5 - 0.697\,368)^3\right]\right\} /$$

$$\left[(0.8-0.5)+(0.7-0.6)+\cdots+(0.8-0.5)\right]$$

$$=\frac{0.048\,958\,964}{3\times 1.9}=0.008\,589$$

根据公式（3）计算b：

$$b=\frac{1}{1+0.008\,589}=0.991。$$

同理可以计算其他因素的分值。表中$\bar{u}$值归一化之后就得到评价因素集权重 W=[0.175，0.111，0.113，0.075，0.137，0.094，0.094，0.072，0.064，0.065]。

4. 确定评语集M评语系数集V_j，如表3-4所示

表3-4　评语集M集值统计

	太低	偏低	合理	偏高	太高
	10人	10人	10人	10人	10人
50名专家给出5种评语的系数，每种评语的分布都是10人。如果不是平均分布，一样可以用集值统计方法计算	[1.6,1.8]	[1.2,1.3]	1	[0.5,0.7]	[0.4,0.6]
	[1.6,1.7]	[1.2,1.4]	1	[0.5,0.8]	[0.5,0.6]
	[1.7,1.8]	[1.3,1.4]	1	[0.6,0.7]	[0.4,0.5]
	[1.5,1.8]	[1.2,1.4]	1	[0.7,0.8]	[0.5,0.6]
	[1.6,1.8]	[1.2,1.5]	1	[0.6,0.8]	[0.5,0.7]
	[1.7,1.9]	[1.3,1.5]	1	[0.6,0.8]	[0.5,0.6]
	[1.6,1.9]	[1.3,1.4]	1	[0.7,0.9]	[0.5,0.7]
	[1.5,1.7]	[1.2,1.4]	1	[0.7,0.8]	[0.4,0.7]
	[1.7,1.8]	[1.3,1.6]	1	[0.7,0.9]	[0.4,0.6]
	[1.6,1.8]	[1.2,1.3]	1	[0.5,0.8]	[0.5,0.6]
$\bar{u}$	1.702 63	1.344 44	1	0.697 37	0.543 75
b	0.992 5	0.992 0	1	0.991 5	0.993 8

评语集M=（太低，偏低，合理，偏高，太高），利用

集值统计确定评语纠偏系数集 V_j。

以“太低”一栏的评语为例说明 $\bar{u}$ 和 b 的确定过程。

根据公式（2）计算 $\bar{u}$：

$$\bar{u} = \frac{1}{2}\frac{(1.8^2 - 1.6^2) + (1.7^2 - 1.6^2) + \cdots + (1.8^2 - 1.6^2)}{(1.8 - 1.6) + (1.7 - 1.6) + \cdots + (1.8 - 1.6)}$$

$$= \frac{6.469\,994}{3.8} = 1.702\,63$$

根据公式（4）计算 g：

$$g = \frac{1}{3}\Big\{\left[(1.8 - 1.702\,63)^3 - (1.7 - 1.702\,63)^3\right] + \left[(1.7 - 1.702\,63)^3 - (1.6 - 1.702\,63)^3\right] + \cdots + \left[(1.8 - 1.702\,63)^3 - (1.7 - 1.702\,63)^3\right]\Big\} / \left[(1.8 - 1.7) + (1.7 - 1.6) + \cdots + (1.8 - 1.7)\right]$$

$$= \frac{0.042\,590\,18}{3 \times 1.9} = 0.007\,537$$

根据公式（3）计算 b：

$$b = \frac{1}{1 + 0.007\,537} = 0.9\,925$$

同理可以计算其他评语的系数。所以 V_j=（1.702 63，1.344 44，1，0.69 737，0.543 75）。

5. 确定单因素评价矩阵 *R*

针对影响知识产权价值的10个因素的评价因素集 U，让专家对评价因素集中的各因素用太低、偏低、合理、偏高、太高5种评语进行评价，不必给出评语系数。利用算术平均法求出专家针对各评价因素做出某一结论的比例，组成单因素评价矩阵R。

$$R=\begin{bmatrix}0&0.2&0.6&0.2&0\\0&0.4&0.4&0.2&0\\0&0.3&0.4&0.3&0\\0&0&1&0&0\\0&0.2&0.6&0.2&0\\0&0.3&0.6&0.1&0\\0&0.6&0.4&0.1&0\\0&0&0.8&0.2&0\\0&0.4&0.6&0&0\end{bmatrix}$$

6. 模糊综合评价数学模型

当评价因素权重集W和单因素评价矩阵R得出后，根据公式（5）利用模糊综合评价的数学模型$B=W\cdot R$就可以求出B。对B进行归一化处理，得模糊综合评价集B_j=[0，0.258 5，0.593 6，0.147 9，0]。

7. 对初评值E_0纠偏

以B_j为权重对评语系数集V_j进行加权。根据公式（6）计算知识产权价值评估值的纠偏系数：

$$\begin{aligned}c&=(1.702\,63\times0+1.344\,44\times0.258\,5+1\times0.593\,6+\\&\quad 0.697\,37\times0.147\,9+0.543\,75\times0)/\\&\quad(0.258\,5+0.593\,6+0.147\,9)\\&=1.044\,279\end{aligned}$$

所以，修正后的知识产权价值评估值$E=C\times E_0$=998.175×1.044 279 = 1 042.373 191万元。

第二节　基于模糊评价的知识产权价值评估方法

知识产权是创造性劳动成果，在生产应用中具有一定的风险性，但可以帮助企业在未来取得高额回报。知识产权价值的确定受多种因素的影响，计量具有模糊性。知识产权价值评估难度较大，但价值评估具有重要意义也成为研究的热点。

知识产权价值评估对知识产权的交易和应用有积极的促进作用。知识产权价值评估的评估方法是关键，传统的评估方法有三种，即成本法、市场法、收益法。前两种方法评估知识产权价值并不合适，因此收益法是知识产权价值评估的常用方法，但预期收益、折现率、获益期限等参数的不确定性增加了评估难度。比较新颖的评估方法主要是一些评估模型，包括劳动价值论模型、效益分成模型、期权价格模型、价格效益相关因素回归模型。但由于我国的国情和知识产权的特点，这些方法在知识产权价值评估中不适合或不能够应用，因此找到一种简便实用的方法就成为研究的重点。

本节讨论的是基于模糊评价的知识产权价值评估方法，其基本思路有以下几点。首先，基于市场价值确定知识产权的价格区间，征求专家意见并给出知识产权价值的区间估值。其次，集中分析调整专家意见，利用集值统计的方法最终确定知识产权的评估值。最后，针对评估值利用模价格下限的公式为：

$$P_{\min}=\frac{\left(C+B_1V\right)\left(1-B_3\right)/\left(1-B_2\right)+\sum_{i=1}^{n}f_i+S\times s'+}{(C+F)(1+h'+r')}\cdots\cdots \quad (1)$$

式中：C，V—分别为研发知识产权所消耗的物化劳动和活劳动；

B_1——科研人员创造性劳动的倍加系数；

B_2——科研的平均风险系数；

B_3——知识产权的价值损失率；

$\sum_{i=1}^{n}f_i$——知识产权的交易成本，即全部流通费用，f_i为各项流通费用；

$S\times s'$——机会成本，指因转让技术而失去的利润，以因为技术转让而减少的销售额S与销售利润率s'的乘积来表示；

$(C+F)(1+h'+r')$——最低利润，以社会平均利润率为依据再加上一定科研风险损失进行确定，h'表示社会平均利润率，r'表示科技开发的正常风险利率。

以上采用的数据都应以市场数据资料为准，研发成本的数据均为历史资料，比照当前市价将其调整为以现行市价为基础的成本数据，然后再进行计算。

（2）以市场价值为基础，从受让方的角度考虑只有最高出价，价格越低越好，理论上知识产权的转让价值只有上限没有下限，上限就是知识产权所能给受让方带来的预期收益的折现值，如图3-3所示。

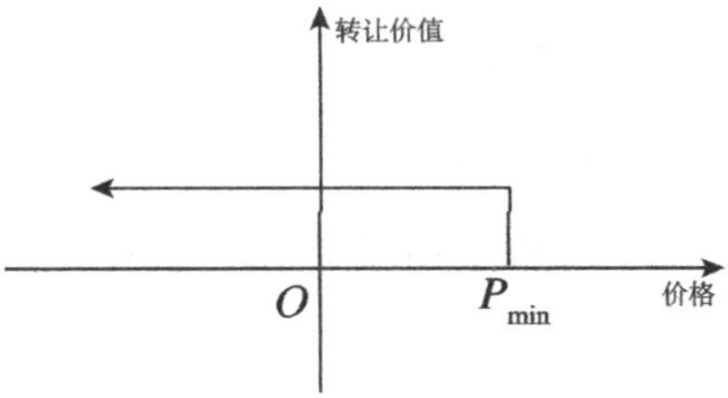

图3-3　受让方知识产权转让价值区间

价格上限的公式为：

$$P_{max} = \sum_{t=1}^{n} \frac{\Delta M_t}{(1+i_c)^t} = \sum_{t=1}^{n} \frac{p_t}{(1+i_c)^t} \qquad \cdots\cdots (2)$$

式中：P_{max}——知识产权受让方所能接受的价格上限；

P_t——未来第t年受让方因技术投资而增加的投资额；

ΔM_t——未来第t年技术应用为受让方带来的新增利润；

i_c——选定的收益折现率；

N——知识产权的经济寿命期或受益年限。

一种是P_{min}和P_{max}所在的区间相交，如图3-4（a）所示，相交区间就是知识产权转让价格评估的可能分布区域，是交易双方谈判的价格区间。确定知识产权价格上、下限以后，有两种情况，一种是P_{min}和P_{max}所在的区间不能相交，处于这种状况的知识产权一般情况下不易成交，如图3-4（b）所示。

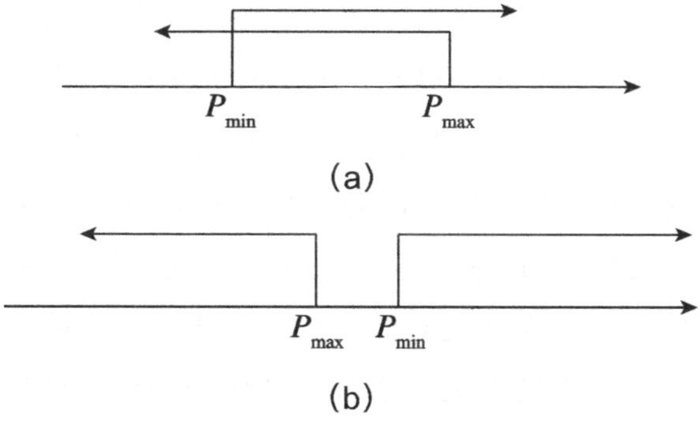

图3-4　知识产权转让的价格区间

按照此种方法确定知识产权的价格区间范围，是基于市场价值考虑买卖双方的利益要求，具有可行性。

（三）集值统计方法

集值统计方法的应用是在价格区间范围内进行，可以得到更准确的结果。目前，集值统计方法在理论界和业界的应用得到普遍的认可，其主要原因是该方法的理论思想清晰严谨，易于实务操作，对于知识产权价值评估结果准确性更高，容易得到交易双方的认可。在集值统计确定知识产权价值的基础上，运用层次分析对评估值进一步修正，从而得到更精确的结果。

（四）层次分析法

层次分析法（AHP）是知识产权价值评估常用方法，其核心思想就是把复杂的系统递阶层次拆解，还原为单元进行破解。一个递阶层次就是一个特殊形式的系统，是基于如下假定：该系统中经确定的所有元素可以划分为彼此不相接的若干组，其中任何一组中的元素只对另外一个特定组中的元素发生影响，同时也只受到另外一个组中的元素影响。这样做的优点：第一，系统的递阶层次结构可以描述高层次的排序变化对低层次元素排序的影响。第二，可以在较低层次提供关于系统的结构和功能的详尽信息，并在较高层次对行为者及其目标有一个整体性的了解；对某一层次元素的约束在其相邻上一层次得到最好的体现，从而保证效果最佳。第三，按递阶层次聚集组合处理系统问题比总体组合的方法要迅速有效得多。第四，既稳定又灵活，微小的扰动只对整个结构产生微小的影响，对一个具有合理结构的递阶层次而言，不会破坏正常作用。

该方法基本为四个步骤：

1. 建立知识产权价值评估递阶层次结构

根据知识产权评价指标体系的相关理论和方法，结合所评估的知识产权的特点，选择提炼影响知识产权价值确定的主要因素。将不同的因素按类分组，根据分组情况建立一个多层次的评价模型。

2. 构造两两比较判断矩阵

模型建立后，上下层次之间元素的隶属关系就确定了。对于模型中各层次的元素可以依次相对与之相关的上一层元素，进行两两比较，从而建立一系列判断矩阵。首先，聘请专家打分，根据Saaty的1～9标度法确定两两指标间的相对重要性，程度用自然数1，2，3，…，9及倒数1/2，1/3，…，1/9表示。其次，对专家的意见进行统计分析，使意见逐步集中，得出调查结果，构造判断矩阵。最后，通过n个元素之间相对重要性的比较得到一个两两比较判断矩阵。

3.由判断矩阵计算被比较元素的相对权重

根据层次分析法的基本原理，判断矩阵A对应于最大特征值λ_{max}的特征向量W，经归一化后即为同一层次相应的元素对于上一层次某一元素相对重要性的排序权重值，这一过程称为层次的单排序。运用判断矩阵A解出层次单排序的重要前提为矩阵A应该满足一致性的要求，所以必须对判断矩阵做一致性检验。计算排序权重向量的方法较多，常用的方法是特征根法，其公式为：

$$W_i = \frac{(\prod_{j=1}^{n} a_{ij})^{\frac{1}{n}}}{\sum_{k=1}^{n}(\prod_{j=1}^{n} a_{kj})^{\frac{1}{n}}} \qquad i = 1, 2, \cdots, n \quad \cdots\cdots (3)$$

$$\lambda_{max} = \sum_{i=1}^{n} \frac{(AW)_i}{n \times W_i} \quad \cdots\cdots (4)$$

式中，λ_{max}是A的最大特征根，W是相应的特征向量，所得到的W经归一化后就可作为权重向量。

对判断矩阵的一致性进行检验，具体步骤如下：

计算一致性指标CI：

$$CI = \frac{\lambda_{max} - n}{n - 1} \qquad \cdots\cdots (5)$$

查找相应的平均随机一致性指标RI。

计算性一致性比例CR：

$$CR = \frac{CI}{RI} \qquad \cdots\cdots (6)$$

当CR<0.1时，认为判断矩阵的一致性是可以接受的；当CR≥0.1时，应该对判断矩阵做适当修正。

4.计算各层元素的组合权重

上面得到的是一组元素对其上一层某元素的权重向量。最终要得到各元素，特别是最低层各元素对于目标的排序权重，即所谓总排序权重，从而进行方案的选择。总排序权重要自上而下地将单准则下的权重进行合成，并逐层进行总的判断一致性检验。

（五）模糊综合评价

模糊综合评价法是模糊评价中最基本的数学方法之一，是以隶属度来描述模糊界限的。现实中由于评价因素的复杂性、评价对象的层次性、评价标准不确定性、定性指标难以定量化等一系列问题，很多事物无法精确表述，其描述也多用自然语言来表达，经常采用“大概”“差不多”“多少之间”等模糊描述方式。这种模糊性很难用经典数学模型加以统一量度，因此建立在模糊集合基础上的模糊综合评判方法，从多个指标对被评价事物隶属等级进行综合性评判。它把被评判事物的变化区间进行划分，一方面可以顾及对象的层次性，使得评价标准、影响因素的模糊性得以体现；另一方面在评价中可以充分发挥人的经验，使评价结果更客观，符合实际情况。模糊综合评判可以做到定性和定量因素相结合，扩大信息量，使得评价结果更可信。这种方法尤其适合解决新领域内产生的新问题。

模糊综合评价的具体步骤包括：

（1）求得知识产权的初评值E_0。

（2）建立评价因素集U。

（3）确立评价因素权重集W。评价因素集$W=$（W_1，W_2，…，W_m）的评价因素权重很多学者是通过专家评分或者自己直接确定的。这样人为的主观偏好影响较大，而用层次分析法来确定评价因素的权重更为客观。

（4）确定评语集M。

（5）集值统计确定评语系数集V_j。

（6）确定单因素评价矩阵R。

（7）建立模糊综合评价模型。当评价因素权重集W和单因素评价矩阵R为已知时，便可做模糊变换来进行综合评价，模糊综合评价的数学模型为：

$$B=W\cdot R=(b_1, b_2, \cdots, b_m) \qquad \cdots\cdots (7)$$

对B进行归一化处理得到模糊综合评价集B_j。

（8）对初评值E_0纠偏。对模糊综合评价结果用加权平均法进行处理，以B_j为权重，对评语系数集V_j进行加权可以得到。

$$C = \frac{\sum_{j=1}^{m} V_j B_j}{\sum_{j=1}^{m} B_j} \quad \cdots\cdots (8)$$

式中，C是纠偏系数。初评值E_0乘以纠偏系数，就得到较准确的知识产权价值评估价值E，即$E = E_0 \times C$。

二、基于模糊评价的知识产权价值评估方法应用研究

下面以知识产权价值评估实务为例，进一步说明如何综合运用上述方法进行知识产权的价值确定。

1.专利技术评估

K公司有一项专利技术委托会计师事务所进行评估。评估基准日为2017年12月31日，该技术预期经济寿命为8年，分析得到折现率为8%，其他数据资料如下：

C：研发知识产权所消耗的物化劳动，包括在技术研发过程中发生的试验设备折旧费和试验材料费折合为现时价值数额为0.8万元，资料费和其他费用折合为现时价值数额为0.2元，共计1万元。

V：研发知识产权所消耗活劳动，包括工资福利费等0.6万元。

B_1：科研人员创造性劳动的倍加系数，经分析确定B_1=2。

B_2：科研的平均风险系数，取$B_2 = 0.2$。

B_3：知识产权的价值损失率$B_3 = 0.1$。

$\sum_{i=1}^{n} f_i$：知识产权的交易成本，即全部流通费用，包括专利申请费用、差旅费等，共计0.5万。

$S\times s'$：机会成本，因转让技术而失去的利润，共计2万元。

$(C+F)(1+h'+r')$：最低利润为1.7万元。

税后利润预测和新增投资预测如表3-5、3-6所示。

表3-5　税后利润预测　单位：万元

项目	年份				
	2018年	2019年	2020年	2021年	2022年
税后利润	15	10	10	10	10
现值系数	0.925 9	0.857 3	0.793 8	0.735 0	0.680 6
现值	13.888 5	8.573	7.938	7.35	6.806
注:现值合计为44.555 5。					

表3-6　新增投资预测　单位：万元

项目	年份				
	2018年	2019年	2020年	2021年	2022年
新增投资	15	10	5	5	5
现值系数	0.925 9	0.857 3	0.793 8	0.735 0	0.680 6
现值	13.888 5	8.573	3.969	3.675	3.403
注:现值合计为33.508 5。					

2.价格区间计算

根据公式（1）计算：

$$P_{min} = (1 + 2 \times 0.6)(1 - 0.1)/(1 - 0.2) + 0.5 + 2 + 1.7$$
$$= 6.675(\text{万元})。$$

根据公式（2）计算：

$P_{max} = 44.555\,5 - 33.508\,5 = 11.047$（万元）。

所以，这项知识产权的价格区间是[6.675，11.047]。

3.集值统计确定评估值

向聘请的专家详细介绍该知识产权情况并解答专家提出的问题，让专家在价格区间范围内给出该知识产权的评估值。由于客观因素的复杂性和不确定性，以及专家本身具有的知识和经验，不可能给出一个精确评估值，只能够回答“大约多少”“在多少与多少之间”，所以要求专家只给出一个区间估计值，这样做相比于经典统计更加客观、科学，也是笔者大胆的创新尝试。专家估值区间，如表3-7所示。

表3-7　专家估值区间　　单位：万元

编号	区间价值
专家1	[7,9]
专家2	[8,9]
专家3	[8,10]
专家4	[7,10]
专家5	[9,10]
专家6	[8,9]
专家7	[9,10]
专家8	[8,10]

续 表

编号	区间价值
专家9	[8,10]
专家10	[9,11]

$\bar{u}$，g和b值的确定过程如下：

$$\bar{u}=\frac{1}{2}\times\frac{\left(9^2-7^2\right)+\left(9^2-8^2\right)+\cdots+\left(11^2-9^2\right)}{(9-7)+(9-8)+\cdots+(11-9)}$$

$$=\frac{303}{34}\approx 8.911\,8 \text{（万元）},$$

$$g=\frac{1}{3}\times\left\{\left[(9-8.911\,8)^3-(7-8.911\,8)^3\right]+\left[(9-8.911\,8)^3-(8-8.911\,8)^3\right]+\cdots+\left[(11-8.911\,8)^3-(9-8.911\,8)^3\right]\right\}/\left[(9-7)+(9-8)+\cdots+(11-9)\right]$$

$$=\frac{33.507\,908}{3\times 17}$$

$$\approx 0.657,$$

$$b=\frac{100}{100+0.657}=0.993\,5，$$显然置信度较高。

所以，该知识产权的评估值是8.911 8万元。

4. 建立评价因素集 U

评价因素集U如图3-5所示。

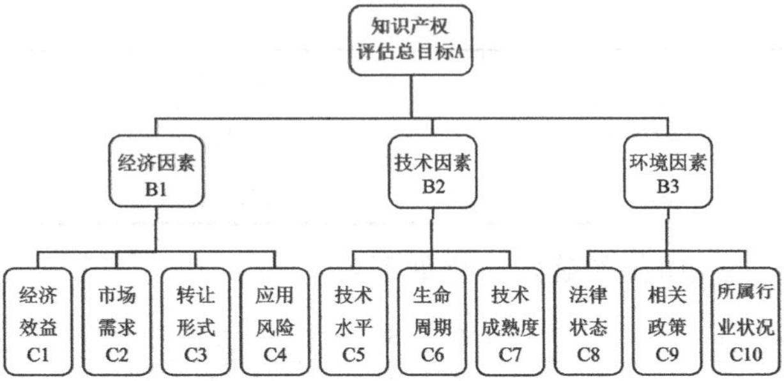

图3-5　评价因素集*U*

5.确立评价因素权重集*W*

以*A*–*B*层因素权重计算为例说明应用层次分析法如何确定因素权重集*W*。

构建判断矩阵（*A*–*B*）。

$A-B$	B_1	B_2	B_3
B_1	1	2	4
B_2	$\frac{1}{2}$	1	3
B_3	$\frac{1}{4}$	$\frac{1}{3}$	1

根据公式（3）计算W_i：

$N_1=\sqrt[3]{1\times2\times4}$=2，

$N_2=\sqrt[3]{\frac{1}{2}\times1\times3}$=1.143，

$N_3=\sqrt[3]{\frac{1}{4}\times\frac{1}{3}\times4}$=0.437，

归一化处理：W_i=（N_1，N_2，N_3,）=（0.56，0.32，0.12）

根据公式（4）计算λ_{max}：

$(AW)_1 = 0.56 \times 1 + 0.32 \times 2 + 0.12 \times 4 = 1.68$,

$(AW)_2 = 0.56 \times \frac{1}{2} + 0.32 \times 1 + 0.12 \times 3 = 0.96$,

$(AW)_3 = 0.56 \times \frac{1}{4} + 0.32 \times \frac{1}{3} + 0.12 \times 1 = 0.366\,6$,

$$\lambda_{max} = \frac{1.68}{0.56 \times 3} + \frac{0.96}{0.32 \times 3} + \frac{0.366\,6}{0.36} = 3.018。$$

B 层各元素相对于总目标 A 的权重向量 $WB = [0.56, 0.32, 0.12]$。

根据公式（5）计算 $CI = \frac{3.018 - 3}{3 - 1} = 0.009$，查表得 $RI = 0.58$。

根据公式（6）计算得 $CR = 0.015\,517 < 0.1$，表明判断矩阵具有满意的一致性。

同理，构建 C 层各指标的判断矩阵，对各矩阵进行一致性检验，计算结果表明各判断矩阵都具有满意的一致性。计算出 C 层各元素相对于 B 层的与其相关的元素的权重，如表3-8所示。

表3-8 评价因素权重

B层指标	B层相对权重	C层指标	C层相对权重
经济因素	0.56	经济效益	0.51
		市场需求	0.19
		转让形式	0.11
		应用风险	0.19
技术因素	0.32	技术水平	0.50
		生命周期	0.25
		技术成熟度	0.25

续 表

B层指标	B层相对权重	C层指标	C层相对权重
社会因素	0.12	相关政策	0.50
		法律状态	0.25
		所属行业状况	0.25

根据上表的结果计算出评价因素集权重W：

W =［0.285 6，0.106 4，0.106 4，0.061 6，0.16，0.08，0.08，0.06，0.03，0.03］。

6.确定评语集M评语系数集V_j，如表3-9所示

表3-9　专家评语集

	太低	偏低	合理	偏高	太高
	10人	10人	10人	10人	10人
50名专家给出5种评语的系数，每种评语的分布都是10人。如果不是平均分布，一样可以用集值统计方法计算	[1.6,1.8]	[1.2,1.3]	1	[0.5,0.7]	[0.4,0.6]
	[1.6,1.7]	[1.2,1.4]	1	[0.5,0.8]	[0.5,0.6]
	[1.7,1.8]	[1.3,1.4]	1	[0.6,0.7]	[0.4,0.5]
	[1.5,1.8]	[1.2,1.4]	1	[0.7,0.8]	[0.5,0.6]
	[1.6,1.8]	[1.2,1.5]	1	[0.6,0.8]	[0.5,0.7]
	[1.7,1.9]	[1.3,1.5]	1	[0.6,0.8]	[0.5,0.6]
	[1.6,1.9]	[1.3,1.4]	1	[0.7,0.9]	[0.5,0.7]
	[1.5,1.7]	[1.2,1.4]	1	[0.7,0.8]	[0.4,0.7]
	[1.7,1.8]	[1.3,1.6]	1	[0.7,0.9]	[0.4,0.6]
	[1.6,1.8]	[1.2,1.3]	1	[0.5,0.8]	[0.5,0.6]

评语集M=（太低，偏低，合理，偏高，太高）。利用集值统计确定评语纠偏系数集V_j。

以“太低”一栏的评语为例说明$\overline{u}$，g和b的确定过程

$$\bar{u} = \frac{1}{2} \times \frac{\left(1.8^2 - 1.6^2\right) + \left(1.7^2 - 1.6^2\right) + \cdots + \left(1.8^2 - 1.6^2\right)}{(1.8 - 1.6) + (1.7 - 1.6) + \cdots + (1.8 - 1.6)}$$

$$= \frac{6.469\,994}{3.8} = 1.702\,63,$$

$$g = \frac{1}{3} \times \left\{\left[(1.8 - 1.702\,63)^3 - (1.7 - 1.702\,63)^3\right] + \right.$$

$$\left[(1.7 - 1.702\,63)^3 - (1.6 - 1.702\,63)^3\right] + \cdots +$$

$$\left.\left[(1.8 - 1.702\,63)^3 - (1.7 - 1.702\,63)^3\right]\right\} /$$

$$\left[(1.8 - 1.7) + (1.7 - 1.6) + \cdots + (1.8 - 1.7)\right]$$

$$= \frac{0.042\,590\,18}{3 \times 1.9}$$

$$= 0.007\,472$$

$$b = \frac{1}{1 + 0.007\,537} = 0.992\,5。$$

同理可以计算其他评语的系数。所以 V_j=（1.702 63，1.344 44，1，0.697 37，0.543 75）。

7. 确定单因素评价矩阵 *R*

针对影响知识产权价值的10个因素的评价因素集 *U*，让专家对评价因素集中的各因素用太低、偏低、合理、偏高、太高5种评语进行评价，不必给出评语系数。利用算术平均法求出专家针对各评价因素做出某一结论的比例，组成单因素评价矩阵 *R*。

$$R=\begin{bmatrix}0 & 0.2 & 0.6 & 0.2 & 0\\ 0 & 0.4 & 0.4 & 0.2 & 0\\ 0 & 0.3 & 0.4 & 0.3 & 0\\ 0 & 0 & 1 & 0 & 0\\ 0 & 0.2 & 0.6 & 0.2 & 0\\ 0 & 0.3 & 0.6 & 0.1 & 0\\ 0 & 0.3 & 0.4 & 0 & 0\\ 0 & 0.1 & 0.8 & 0.1 & 0\\ 0 & 0 & 0.8 & 0.2 & 0\\ 0 & 0.4 & 0.6 & 0 & 0\end{bmatrix}$$

8. 模糊综合评价数学模型

当评价因素权重集 W 和单因素评价矩阵 R 得到后，根据公式（7）利用模糊综合评价的数学模型 $B = W \times R$ 就可以求出 B。对 B 进行归一化处理得模糊综合评价集 B_j=[0，0.253 6，0.584 08，0.162 32，0]。

9. 对初评值 E_0 纠偏

以 B_j 为权重，对评语系数集 V_j 进行加权。根据公式（8）可以计算纠偏系数：

$$\begin{aligned}c &= (1.702\,63 \times 0 + 1.344\,44 \times 0.256\,3 + 1 \times 0.584\,08 + \\ &\quad 0.697\,37 \times 0.162\,32 + 0.543\,75 \times 0)\,/(0.2536 + \\ &\quad 0.584\,08 + 0.162\,32) \\ &= 1.038\,227\end{aligned}$$

所以，该知识产权价值评估值修正后是 $E = C \times E_0$=8.911 8×1.038 227 = 9.252 471 378 6万元。

三、总结

模糊评价和价格区间相结合考虑了知识产权价值确定中各因素的模糊性、随机性，因此有较为客观、全面、合理等优点。尤其是集值统计方法的引入，既符合知识产权价值模糊性的特点，又方便集中多种不同意见，减少专家判断中的随机误差，具有较强的逻辑性、适用性和系统性，真正实现模糊指标的量化。但影响知识产权价值评估值的因素很多，而且各个因素还可以继续细分，所以在指标体系的选择、具体评价内容的确定，以及专家的评分细则等方面仍需进一步研究。

第四章 知识产权质押评估研究

第一节 基于博弈论和CreditRisk+模型的知识产权质押评估

中小企业是我国经济发展的巨大引擎，却面临债权融资和股权融资的“融资双缺口”，于是知识产权质押贷款应运而生。这种贷款由知识产权质押贷款人或第三人以特定的知识产权向债权人出质，以担保债权的实现而获得融资。在现行金融体系下，知识产权质押贷款打破了金融业发展的思维定式，进一步拓宽融资渠道，是一种有效提高资源利用率的创新型融资模式。

知识产权质押融资中有两个问题较为困难：一个是知识产权质押评估值的确定，另一个是知识产权质押贷款风险损失的量化测定。从银行的角度，这两个问题实质上就是如何从单个知识产权质押评估值和多个知识产权质押贷款组合两个方面进行风险损失控制和量化测定。解决这两个问题，银行才会放贷，因此对于中小企业的发展具有重要的意义。目前，单笔知识产权质押价值评估研究较多，但风险测控缺位，且评估视角选择不符合质押贷款实际情况，如选择质押融资主导方银行为研究的视角。

因此，根据知识产权质押贷款实际情况，运用博弈论和集值统计方法确定单笔知识产权质押评估值。同时，运用CreditRisk+模型对知识产权质押贷款组合进行整体风险测控。在满足银行风险控制要求和企业资金需求的前提下，创建知识产权质押贷款的新模式。

一、基于博弈论和CreditRisk+模型的知识产权质押评估概述

从企业的角度考虑，利用成本法或收益法计算知识产权的价值作为质押评估值，有两个问题导致评估只是一厢情愿。一是没有正确地运用资产评估方法，没有认识到评估方法的应用条件，造成知识产权质押评估系统性高估；二是没有考虑银行的利益要求，而质押贷款主导权还在银行。有的研究是单纯模拟市场交易，把评估者作为无偏的仲裁人确定知识产权质押价值，看似客观公正，但忽略了知识产权质押贷款的现实情况和真正目的。目前，企业用知识产权质押是取得贷款而不是售卖，因此企业关心的是按知识产权质押评估值得到的贷款金额是不是达到预期的资金需求。只要满足需求，即便是贷款额低于知识产权真实价值或者评估值也是可以接受的。

银行在知识产权质押贷款中关心的有两个方面：利息收益和风险控制。利息收益的计算非常成熟很容易解决，但风险控制是一个难题，只有解决了这个难题，银行才愿意放贷。所以，笔者的研究是以银行为视角，探究知识产权

权质押评估值的确定和风险测控问题。

目前资产评估的方法和模型较多，主要是成本法、市场法、收益法和一些新型模型，但这些方法对于知识产权的价值评估在应用上都有局限性。目前常用银行信贷风险测控模型，如表4-1所示。

表4-1　银行信贷风险测控模型比较

模型简述	CreditMetrics	KMV	CreditPorfolio	CreditRisk+
分析方法	联合概率转移矩阵,模拟信用状态	模拟联合转移矩阵的信用状态和EDF(预期违约频率)	模拟经济变量违约率	组合违约概率服从混合泊松分布,混合变量是风险因子的线性函数
数据要求	资产特征、股本回报率、转移矩阵、收益率曲线、单笔资产对经济部门的不同风险暴露	资产特征、DD和EDF关系、无风险利率、单笔资产对经济部门的不同风险暴露	宏观经济变量、资产特征和针对不同国别和产业的校正系数	单个知识产权质押贷款人的违约概率和风险暴露
适用范围	适用于对公司和大的私人客户信用风险度量	适用于对公司和大的私人客户信用风险度量	适用于对宏观经济因素变化敏感的投机性知识产权质押贷款人的信用风险度量	适用于银行对零售客户的信用风险度量
应用输出	组合风险分析估计和价值分布、资产组合风险价值、基于VaR的经济资本估计	组合损失和经济资本的分析解	组合损失分布、资产组合风险价值、基于VaR的经济资本估计	组合损失分布、资产组合风险价值、基于VaR的经济资本估计

续 表

模型简述	CreditMetrics	KMV	CreditPorfolio	CreditRisk+
局限性	长期的历史数据、同一等级内的知识产权质押贷款人具有相同的违约率及等级转移概率的假设	企业财务数据依赖上市数据，资产组合的分散化依赖金融产品的多样化	宏观因素关系的不稳定性，需大量长期的国家和行业数据	没有考虑市场风险和信贷期限的可能变动
相关性	来自股本回报的多元模型	来自资产回报的正交多元模型	来自预测经济变量的 ARIMA 模型和多元逻辑函数指数模型	来自使用者定义的组合子集违约概率密度与外部风险因子间的关系

CreditMetrics 模型、KMV 模型和 CreditPorfolio 模型的应用需要上市公司的数据，需要国家和行业长期的历史数据。在目前状况下，中小企业不具备上市的能力，银行对中小企业知识产权质押贷款也缺乏长期的系统的数据。因此，这些模型应用于中小企业知识产权质押贷款的风险测控可操作性不强。

CreditRisk+模型所需的数据少，只需要每笔贷款的违约率及在给定违约率下的损失。对于市场价值变动引起的损失不计入模型，这种对损失的定义与我国传统的账面价值核算更一致。同时，该模型能够计量贷款组合的信用风险，引入保险精算的 Panjer 递推算法，避免蒙特卡洛模型的繁杂。许多国家的银行借鉴该模型来衡量准备金和资本金水平，具有相当的实践基础。所以笔者选用 CreditRisk+模型为基础模型，测量中小企业知识产权质押贷款组合的风险。

针对以上资产评估方法的不足和风险测控模型的特点，创建基于博弈论和CreditRisk+模型的知识产权质押评估新模式，基本思路如图4-1所示。

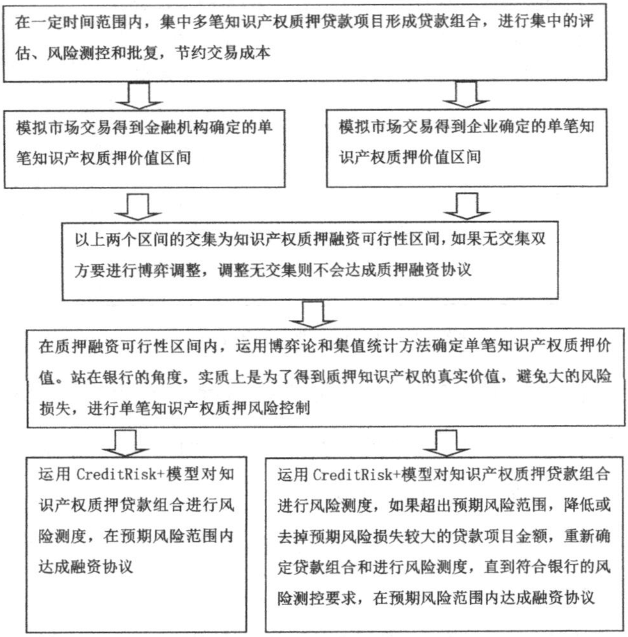

图4-1　基于博弈论和CreditRrisk+模型的知识产权质押评估新模式基本思路

在单笔知识产权价值确定的问题上，企业考虑的是知识产权可以在未来创造更多的经济利益，往往应用未来现值测算质押知识产权的价值，较少考虑企业管理、时间影响、技术替代等相关因素，也没有考虑银行的经济利益和风险控制要求。这可能对质押知识产权的价值存在系统性地高估，造成借贷双方没有共识，不能达成融资协议。另一方面，银行出于对贷款风险控制的考虑往往采用清算价值作为质押知识产权的价值，忽视企业对于贷款数额的心理预期，可能使优质客户贷不到款或者因贷款资金不足使优质项目面临失败。

针对以上问题，笔者创建了基于博弈论和CreditRisk+模型的知识产权质押评估新模式。首先，评估师将企业知识产权质押融资看作借贷双方在市场上的交易和转让，这是双方因不同目的进行的市场博弈。博弈双方实际上都无法对质押知识产权的价值做出准确的判断，只能测算知识产权的价值区间，进而在各自的区间内进行谈判，最终确定的质押评估值即为纳什均衡点。现实贷款业务中银行在考虑收益的同时更多考虑的是贷款风险，因此要对单笔知识产权质押价值进行准确评估，以此降低单笔贷款的损失风险。实际业务中，单笔知识产权质押贷款金额有限，风险损失对银行的影响也有限，但多笔知识产权质押贷款组合的风险损失就会对银行造成很大影响。因此，要对知识产权质押贷款组合进行风险测控，使贷款组合风险也在预期范围内，银行才会考虑放贷。

二、基于博弈论和CreditRisk + 模型的知识产权质押评估理论研究

（一）模拟市场交易确定知识产权质押评估值区间

由于知识产权开发、生产与需求的本身特性，对知识产权市场而言，一个完全竞争的市场形态基本上是不存在的。就目前我国知识产权市场的现状来看，很少能有企业对某类知识产权形成供给垄断或是购买垄断。对于大量的知识产权而言，更常见的市场结构是介于垄断与完全竞争之间的垄断竞争市场结构，即知识产权的生产者能够供给大量或差别巨大的，或类似的，或基本相同的不同性质的知识产权。同时，市场上又存在相当数量且需求各异的购买者。在这种市场结构下决定知识产权的评估值是我们研究的重点。

对处于垄断竞争环境下的知识产权来讲，其最终交易价格受制于卖方和买方，因此对其评估价值区间的确定要从两方面同时入手。评估师模拟市场交易，从供给方考虑，价格越高越好，理论上知识产权的转让价值只有下限P_{min}没有上限，下限就是收回成本，价格区间是（P_{min}，$+\infty$）。从受让方的角度考虑，只有最高出价P_{max}，价格越低越好，理论上知识产权的转让价值只有上限没有下限，上限就是该知识产权所能给受让方带来的预期收益的折现值，价格区间是（$-\infty$，P_{max}）。知识产权受让方知道供给方有一个最低

可接受价格，但不知道P_{min}的具体值。另一方面，知识产权的供给方知道受让方有一个最高的可接受价格，但不知道P_{max}的具体值。确定知识产权价格上下限以后，有两种情况，一种是P_{min}所在的区间[P_{min}，+∞]和P_{max}所在的区间[-∞，P_{max}]不能相交，处于这种状况的知识产权一般情况下不易成交；另一种是P_{min}和P_{max}所在的区间相交，相交区间[P_{min}，P_{max}]就是交易双方谈判的价格区间，也是知识产权转让价值评估的可能分布区域。进一步考虑买方底价$P_{买底}$、买方顶价$P_{买顶}$、卖方底价$P_{卖底}$、卖方顶价$P_{卖顶}$四个值，其中只有卖方（知识产权供方）的最低成本价格$P_{卖底}$和买方（知识产权需方）的最高预期收益换算价格$P_{买顶}$可以通过计算和预测获得。而卖方希望的交易最高价格$P_{卖顶}$与买方希望的交易最低价格$P_{买底}$则更多的是理论的可能，准确性较差。在垄断竞争市场环境下的价格分布区间应该为：[$P_{卖底}=P_{min}$，$P_{买顶}=P_{max}$]。

实际交易过程中，知识产权卖方与买方均或多或少地知道一些对方的信息，所以对于卖方会判断买方在价格顶点上可以降低多少出价A。对于买方会判断卖方在价格低限上增加多少出价B。这样，谈判区间就为[$P_{min}+B$，$P_{max}-A$]，如图4-2所示。

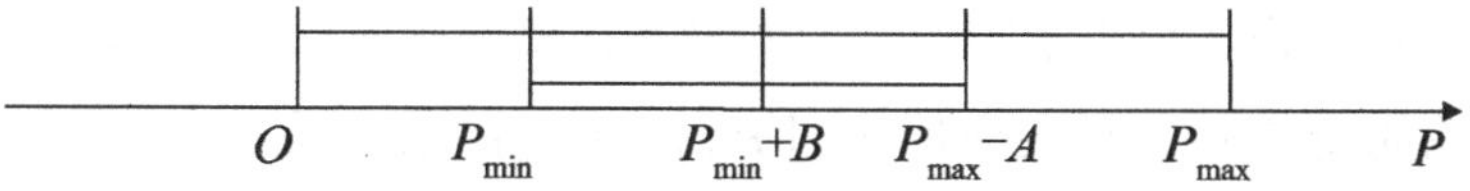

图4-2　有效议价区间

A和B会随着谈判进程不同轮次的议价有所变化，从而使谈判区间[$P_{min}+B$，$P_{max}-A$]也相应地形成一个逐步缩小的动态变化的讨价还价区间。当然也有可能出现特例，当$A=0$，$B=0$时保持[P_{min}，P_{max}]区间不变；当$P_{min}+B= P_{max}-A$时，评估师需要应用博弈论预计均衡点，形成最终的知识产权质押价值评估意见。

（二）价值区间内基于博弈论确定知识产权价值评估值

博弈论是指一些个人或组织，面对一定的环境条件，在一定的规则下，同时或先后，一次或多次，从各自允许选择的行动或策略中进行选择并加以实施，并从中各自取得相应结果的过程。其主要研究一个主体的选择受到其他主体选择的影响，而且反过来影响其他主体选择时的决策问题和均衡问题。质押双方在确定知识产权价值的过程实质是一个博弈的过程，博弈双方都无法对知识产权价值做出准确判断，只能确定知识产权价值的上下限，进而在各自的价值区间内进行谈判，最终确定的价值即为纳什均衡点。

令$V=[P_{卖底}, P_{买顶}]$，V表示知识产权供给方与需求方的保留价格。$P_{卖底}$表示知识产权供给方愿意出的最低价，$P_{买顶}$表示知识产权需求方愿意出的最高价格，则$P_{买顶} \geqslant P_{卖底}$谈判有可能成功，且成交价$P \in [P_{卖底}, P_{买顶}]$。在不完全信息下，双方都对自己的保留价格很清楚，但对于对方的保留价格

不能确定。这里可以用一个概率分布表示：$P_{买顶}$取决于$Xd=[P_{买顶min}, P_{买顶max}]$的随机变量，具有累积概率分布的$Fs（P_{买顶} | Ss）$表示在先验信息下关于$P_{买顶}$的概率分布，$Ss$表示知识产权供给方的先验信息，且$Fs（P_{买顶min} | Ss）=0$，$Fs（P_{买顶max} | Ss）=1$，在区间（$P_{买顶min}$，$P_{买顶max}$）严格递增可微。同理，$P$卖底取决于$Xd=[P_{卖底min}, P_{卖底max}]$的随机变量，具有累积概率分布$Fd（P_{卖底} | Sd）$。$Fd（P_{卖底} | Sd）$表示在先验信息下关于$P_{卖底}$的概率分布，$Sd$表示知识产权供给方的先验信息，且$Fd（P_{卖底min} | Sd）=0$，$Fd（P_{卖底max} | Sd）=1$在区间（$P_{卖底min}$，$P_{卖底max}$）严格递增可微。假设：供方提供的价格为$S$；需求方提供的价格为$d$；$P_i$（$i=d$，$s$）在[0，1]上均匀分布，且分布函数$F$为公共知识；梅耶森和沙特威托证明在均匀分布的情况下，博弈的双向拍卖线性战略均衡中，参与者的期望收益要高于其他任何贝叶斯均衡。因此，需求方如能确定$Pd > Ps+1/4$的条件满足，则选择双方的报价策略是最优的。且当$d \geqslant s$，则最终的谈判价格为：$P = ks+（1-k）d$，$0 \leqslant k \leqslant 1$，$k = 1/2$。当然这是一种理想状态的谈判价格确定模型，认为借贷双方是平等的，是站到借贷双方的立场上进行研究得到的计算模型。

中小企业在银行进行知识产权的质押贷款毕竟和真正的交易有所差别，企业知识产权质押贷款的最终目的是获得贷款而不是把知识产权售卖。因此，必须考虑银行的利益需求，知识产权的质押贷款才能更容易实现，且银行需要考虑贷款的利息和贷款的风险。调查发现，贷款利息的确定因为有成熟的计算体系并不是一个困难的问题，但知识产权作为特殊的质押物，风险测控是银行必须考虑的问题，因此对于知识产权质押评估值确定模型应为：$P=k\times(P_{min}+B)+(1-k)\times(P_{max}-A)$，$1/2\leqslant k\leqslant 1$，$P_{min}+B\leqslant P_{max}-A$。$P_{min}+B$是质押双方博弈后确定的知识产权价值的下限，$P_{max}-A$是质押双方博弈后确定的知识产权价值的上限。$k$的取值从银行的角度应当确定为$1/2\leqslant k\leqslant 1$，它是知识产权质押价值确定的关键。影响$k$值的因素均属于定性指标，具有模糊性的特点。因此，利用模糊综合评价法来估算k值，从理论上说是可行的，但模糊综合评价法简单地将专家的意见用一个确定数或模糊数的某个隶属度来表示却是不合理的。实际上，等于在建立数学模型时，就将指标的模糊性提前去掉了。经过研究，我们认为可以利用集值统计处理不确切的判断，而且方便集中多种不同意见，减少专家判断中的随机误差。

（三）基于CreditRisk+模型的知识产权质押贷款组合风险测定

在价值区间内运用博弈论和集值统计方法求得较准确的知识产权质押评估值，如果企业是满意的，对于银行来讲也控制了单笔贷款的损失风险，但要真正达成融资协议还要对知识产权质押贷款组合风险进行测控。传统的观点认为，质押资产的变现处置覆盖风险损失就保证了银行贷款的安全。这种观点强调的是单笔贷款，而在实际贷款中是难以做到的。现代金融风险管理的理念强调的是从整体的角度综合考虑，在相对安全的基础上，实现银行自身经营利润的最大化，所以银行风险管理的目标定位于将贷款违约现象变成在一定范围内可以接受的小概率事件，而不是绝对不可能的事件。把银行经营的目标定位于风险可控范围内的利润最大化，而不是保证资金绝对安全。

基于以上分析，站在银行的立场上进行知识产权质押贷款风险的测定，不仅要考虑单笔知识产权质押贷款的风险，更要考虑多笔知识产权质押贷款组合的风险。目前对于多笔知识产权质押贷款组合的风险，测定的理想工具是CreditRisk+风险测定模型。经过这一模型的测定，如果知识产权质押贷款组合的风险没有超过银行的预期风险指标范围，银行可以考虑组合放贷。如果知识产权质押贷款组合的风险超过银行的预期风险指标范围，就需要测算单笔贷款的风险贡献，去掉或者重新确定风险贡献大的单笔贷款的金额。然后，再应用CreditRisk+模型对新的贷款组合进行风险测定，最终确定可以放贷的知识产权质押贷款组合。CreditRisk+模型是由瑞士信贷部开发的信贷风险模型，该模型只考虑违约或不违约两种状态，同时假定违约率是随机的，并以此为前提度量预期损失、未预期损失及其变化。CreditRisk+模型认为只要知道贷款组合的违约频率和损失的严重程度，就可以求出其违约损失分布，而违约频率可以通过违约率及其波动性计算出来，损失的严重程度则由风险暴露和回收率来确定。该模型所需数据较少，具有规整的数学形式，计算较简单，在银行信贷领域被广泛应用。

CreditRisk+风险测定模型基本推导及计算步骤如下：

假设在某一时期（本文确定为一年）内违约概率不变；对于一个贷款组合而言，每一笔贷款的违约概率很小；对于众多的知识产权质押贷款人而言，每一笔贷款的违约概率相互独立。

假定贷款组合由N笔贷款组成，已知借款人A一定时期内的违约率是P_A，不违约的概率为$1-P_A$。为了分析整个贷款组合的信用风险，先构造具有辅助变量Z的概率生成函数。为了分析整个贷款组合的损失分布，该模型引入如下概率生成函数：

$$F(z)=\sum_{n=0}^{\infty}P(n)z^n$$

单个借款人A期末只有违约和不违约两种状态，所以相应的概率生成函数为：

$$F(z)=1-P_A+P_A Z=1+P_A(z-1)$$

假定不同借款人之间的违约事件是相互独立的，则整个贷款组合的概率生成函数是单个借款人概率生成函数的乘积：

$$F(z)=\prod_A F_A(z)=\prod_A F\left(1+P(z-1)\right)$$

等式两边取对数，然后$F(z)$按泰勒公式展开为：

$$F(z)=\sum_{n=0}^{\infty}\frac{e^{-\mu}\mu^n}{n!}z^n$$

其中$\mu=\sum_{A}P_{A}$表示整个贷款组合在一定期间内的期望违约次数。

如果单个违约概率很小，从上面的推导可以看出，在满足假定条件的情况下，一定时期内违约次数的概率服从泊松分布，则贷款组合在一定期间内发生n次违约事件的概率为：

$$P（n个知识产权质押贷款人违约）=\frac{e^{-\mu}\mu^{n}}{n!} \quad \cdots\cdots（1）$$

由于贷款违约损失额不同，对于整个贷款组合来说，损失分布将不再遵循泊松分布。为了解决这个问题，首先根据贷款破产损失的大小，将贷款组合中的多笔贷款划归不同的频段，并确定每个频段的损失上限，然后计算每个频段的平均破产贷款数量。其次，确定每个频段的损失分布。最后，得到整个贷款组合的损失分布，确定贷款组合的预期损失和未预期损失。

1.将贷款组合划分成不同的频段

假设L是N笔贷款的风险暴露频段值，等于一定金额。用N笔贷款中最大一笔贷款风险暴露值除以频段值L，将计算数值按照四舍五入，称为风险暴露的频段总级数，设为m，于是就得到m个风险暴露频段级，依次为"v_1，v_2，…，v_m"，所对应的风险暴露量为L_i。

2.确定贷款所在的频段级

将每笔贷款的风险暴露数值除以频段值L，再按照四舍五入的规则将计算数值凑成整数，然后将贷款归类到整数值所对应的频段级，可将所有贷款归类。

3.确定贷款在每个频段的损失分布

假设整个贷款的组合可以被分为m个频段，标记为j，即$1 \leqslant j \leqslant m$。已知频段$j$的平均违约数量为$\mu_j$与预期违约损失$\varepsilon_j$和违约风险暴露平均值$v_j$三者之间的关系是：$\varepsilon_j = v_j \times \mu_j$，组合中违约贷款的数量服从泊松分布：

$$P_j（n\text{笔贷款违约}）=\frac{\mu_j^n e^{-\mu}}{n!} \qquad \cdots\cdots（2）$$

根据上式可以分别计算得到频段j中有$n=0$，1，2，…笔贷款违约的概率。根据不同违约贷款数量的发生概率以及对应的损失，可以得到频段j在一定时间的损失分布。

4.确定整个贷款组合的损失分布

确定贷款组合在每个频段一定时间的损失分布，下面将以上结果加总考虑，得到整个贷款组合在一定时间的损失分布。首先考虑贷款组合中划分两个频段的情况。从贷款组合整体考虑，如果发生$1\times L$的损失，只可能是频段1中有1笔贷款违约；如果发生$2\times L$的损失，有可能是频段1中有2笔贷款违约或频段2中有1笔贷款违约；如果发生$3\times L$的损失，有可能是频段1中有3笔贷款违约，或者可能是频段1中有1笔贷款违约，同时频段2中有1笔贷款违约；依次类推，可以得到整个贷款组合在一定时期的损失分布，如表4-2所示。

表4-2　CreditRisk+模型两频段对照表

贷款组合整体损失额	违约贷款在两个频段对应的分布(x_1,x_2)	对应的发生概率
0×*L*	(0,0)	$P_1(0)\times P_2(0)$
1×*L*	(1,0)	$P_1(1)\times P_2(2)$
2×*L*	(2,0)(0,1)	$P_1(0)\times P_2(0)+P_1(1)\times P_2(2)$
3×*L*	(3,0)(1,1)	$P_1(3)\times P_2(0)+P_1(1)\times P_2(1)$
…	…	…

当贷款组合中划分的频段较多时，若采用上表计算会比较麻烦，因此当涉及贷款组合中划分的次级组合较多时，CreditRisk+采用构建贷款违约的概率生成函数$G(z)$来解决。划分频段后，违约损失分布的推导仍然从概率生成函数开始。令$G(z)$表示损失的概率生成函数，损失用基准单位L的整数倍数表示：

$$G(z)=\sum_{n=0}^{\infty}p(\text{loss}=n\times L)z^n$$

其中$n\times L$为加总的损失。

由于假设组合暴露是彼此独立的，所以暴露区间也应该是彼此独立的。因此，组合损失的概率生成函数可以表示为各暴露区间概率损失函数的乘积：

$G(z)=\prod_j G_j(z)$，其中$G_j(z)=\mathrm{e}^{\left(-\mu_j+\mu_j z^{v_j}\right)}$，

因此有$G(z)=\prod_{j=1}^{m}\mathrm{e}^{-\mu_j+\mu_j z^{v_j}}=\mathrm{e}^{-\sum_{j=1}^{m}\mu_j+\sum_{j=1}^{m}\mu_j z^{v_j}}$　　(3)

上式进行泰勒展开：令A_n表示$n\times L$的概率，则有

$$P\text{（loss}=n\times L\text{）}=\frac{1}{n!}\frac{\mathrm{d}^n G(z)}{\mathrm{d}z^n}\bigg|_{z=0}=A_n,n=0，1，2，\cdots \quad \cdots\cdots(4)$$

把公式（3）带入公式（4），并用莱布尼茨公式推导贷款组合违约损失分布的递归关系式：

$$A_n=\sum_{j:\ v_j\leqslant n}\frac{\varepsilon_j}{n}A_{n-v_j}，\ n=0，1，2，\cdots，$$

$$\text{其中}A(0)=\mathrm{e}^{-\mu}=\mathrm{e}^{-\sum_{j=1}^{m}\frac{\varepsilon_j}{v_j}}$$

据此，可以求出整个贷款组合不同风险暴露对应的发生概率，从而可以求出整个贷款组合的损失分布情况。由于各个贷款组合相互独立，因此整个贷款组合的预期损失就是各个频段贷款组合的预期损失相加的结果，即 $EL=\sum_{j=1}^{m}v_j\times\mu_j$。根据累积概率，可以计算整个贷款组合的未预期损失。

三、基于博弈论和CreditRisk+模型的知识产权质押评估应用研究

以26笔某国有商业银行知识产权质押贷款数据为例，相关资料如表4-3所示。

表4-3　26笔知识产权质押贷款

单位：万元

知识产权质押贷款人编号	市场价值	清算价值	质押贷款评估值	风险暴露
1	11	6	7	1
2	22.55	15	16	1
3	18	9	12	3
4	67.7	45	50	5
5	55	23	30	7
6	6.5	3	4	1
7	56	45	50	5
8	23.5	17	19	2
9	65	30	32	2
10	89	45.5	50.5	5
11	36	20	22	2
12	46.5	35	40	5
13	60	40	45	5
14	79	67	70	3
15	58	23	40	17
16	98	54	55	1
17	19	9	12	3
18	37	21	23	2
19	18.5	10	12	2
20	66	20	40	20
21	45.5	20	32	12
22	48	30	31	1
23	78.5	57.5	59.5	2
24	100	71	82	11

续 表

知识产权质押贷款人编号	市场价值	清算价值	质押贷款评估值	风险暴露
25	15	8.5	10.5	2
26	90	30	40	10

1. 单笔知识产权质押评估值确定

表中数据的计算说明：对于企业，想让质押资产发挥最大效用，那么质押资产的价值就是市场价值，而对于银行，想控制贷款风险，那么质押资产的价值就是清算价值。于是，这两种价值构成一个价值区间［清算价值，市场价值］。最终运用博弈论和集值统计方法在这个区间内确定知识产权质押贷款的评估值。

以知识产权质押贷款人1为例说明，确定市场价值为11万元，清算价值为6万元，构建价值区间［6，11］。这个价值区间是相对范围最大区间，质押双方经过讨价还价之后可能会缩小价值区间的范围，也可能出现特例，保持相对范围最大区间不变。评估师的工作是要确定质押双方认可的相对较小的知识产权质押价值区间和最终评估值。假如经过一番博弈之后确定的最终价值区间还是［6，11］。把数据带入模型：$P = k\times(P_{min}+B) + (1-k)\times(P_{max}-A)$，$1/2 \leqslant k \leqslant 1$，$P_{min}+B \leqslant P_{max}-A$。$k$的取值关系知识产权的评估值，也关系单笔贷款额和贷款风险的大小，因此成为关键问题。k的取值受到多种因素的影响，可以借鉴知识产权利润分成率的计算方法，采用集值统计或模糊综合评价法取得。经过研究后利用集值统计方法计算，知识产权质押贷款人1算例中k的最终取值是0.8。所以，知识产权质押贷款人1的知识产权质押贷款评估值$P = k\times（P_{min}+B）+（1-k）\times（P_{max}-A）=0.8\times6+（1-0.8）\times11 = 7$万元。假设评估值就是放贷金额，则知识产权质押贷款人1的风险暴露EAD = 7−6 = 1万元。其他质押贷款人知识产权质押贷款评估值和风险暴露值计算同理。

2.知识产权质押贷款组合风险测控

根据表4−3的数据，26笔质押贷款的风险暴露在1万元到20万元之间。为方便计算，按照CreditRisk+模型的步骤将26笔质押贷款分成两个风险暴露频段级，确定损失单位$L=\sum$风险暴露 / 26= 130 / 26 = 5万元，把风险暴露接近$L = 5$万元的所有质押贷款归到频段V1，把风险暴露数接近$2L = 10$万的所有质押贷款归到频段V2。计算26笔质押贷款在两个频段级情况下，贷款组合的违约概率和预期损失分布。假设在这两个频段级，贷款平均违约的数目取信用等级靠后的$\mu = 4$，可得出26笔贷款在V1、V2频段对应违约数目的贷款组合的违约率分布和损失分布，如表4−4所示。

表4−4　CreditRisk + 模型数据输出

单位：万元

n	风险损失(L)	违约概率	累积概率	预期损失
0	0	0.000 34	0.000 34	0
1	5	0.001 34	0.001 68	0.006 7

续 表

n	风险损失(L)	违约概率	累积概率	预期损失
2	10	0.004 03	0.005 71	0.040 3
3	15	0.008 95	0.014 66	0.134 25
4	20	0.017 00	0.031 66	0.34
5	25	0.027 91	0.059 57	0.697 75
6	30	0.041 27	0.100 84	1.238 1
7	35	0.055 48	0.156 32	1.941 8
8	40	0.069 01	0.225 33	2.760 4
9	45	0.079 99	0.305 32	3.599 55
10	50	0.087 20	0.392 52	4.36
11	55	0.089 88	0.482 4	4.943 4
12	60	0.088 10	0.570 5	5.286
13	65	0.082 42	0.652 92	5.357 3
14	70	0.073 89	0.726 81	5.172 3
15	75	0.063 66	0.790 47	4.774 5
16	80	0.052 86	0.843 33	4.228 8
17	85	0.042 40	0.885 73	3.604
18	90	0.032 91	0.918 64	2.961 9
19	95	0.024 78	0.943 42	2.354 1
20	100	0.018 12	0.961 54	1.812
21	105	0.012 89	0.974 43	1.353 45
22	110	0.008 93	0.983 36	0.982 3
23	115	0.006 04	0.989 4	0.694 6
24	120	0.003 98	0.993 38	0.477 6
…	…	…	…	…

以n=3为例说明计算过程，根据公式P_j（n笔贷款违约）$=\frac{\mu_j^n e^{-\mu_j}}{n!}$得：

$$
\begin{aligned}
P &= P_1(3) \times P_2(0) + P_1(1) \times P_2(1) \\
&= \frac{\mu_j^3 e^{-\mu_j}}{3!} \times \frac{\mu_j^0 e^{-\mu_j}}{0!} + \frac{\mu_j^1 e^{-\mu_j}}{1!} \times \frac{\mu_j^1 e^{-\mu_j}}{1!} \\
&= \frac{4^3 e^{-4}}{3!} \times \frac{4^0 e^{-4}}{0!} + \frac{4^1 e^{-4}}{1!} \times \frac{4^1 e^{-4}}{1!} \\
&= 0.195\,367 \times 0.018\,316 + 0.073\,263 \times 0.073\,263 \\
&\approx 0.008\,95
\end{aligned}
$$

累积概率P = 0.000 34+0.001 34+0.004 03+0.008 95 = 0.014 66。预期损失= 15×0.008 95 = 0.134 25。n取其他值时同理计算。如果风险暴露频段级的划分是3个以上，那么就需要运用Matlab软件编程计算。

从表中可以看出，贷款组合的预期损失近似值约为0.006 7+…+0.477 6 = 59.121 1万元，99%置信水平下最大可能损失为120万元。

3.知识产权质押贷款组合风险测控说明

通过统计建模的方法获得知识产权质押贷款组合未来的预期违约损失分布情况，反映银行目前所持有的贷款组合中所有知识产权质押贷款人未来可能产生的信用风险。因为极端损失的存在，实际发生违约时的损失与平均违约损失是有所偏离的。为了避免实际损失超过预期损失的情况发生就要提取信用损失准备金。出于谨慎性原则，需要计提的贷款信用准备金要能够吸纳可能产生的预期违约损失。

根据实证分析结果，样本贷款组合年度信用准备金为组合的预期损失额59.121 1万元。年度信用准备金只针对预期违约损失，是组合损失的期望值。实际上，因为多种因素影响下产生的非预期违约损失的存在，使得实际违约损失有可能偏离期望值，为了覆盖非预期违约损失带来的风险，需要对贷款组合计提附加信用准备。附加信用准备提取额度目前根据各银行对于风险的承受程度来决定，也受到某一上限的限制。按照通用的做法，附加信用准备上限一般设定为银行所持有贷款组合预期违约损失分布的99%损失水平临界值。因此，样本组合的附加信用损失准备金上限设为预期违约损失分布的99%损失水平临界值120万元。

2004年《巴塞尔新资本协议》提出了“经济资本”的新概念，即在一定的置信度水平上（99%），一定时间内（如一年），为了弥补银行的非预期损失所需要的资本。在CreditRisk+模型中，贷款组合所需的经济资本为组合预期违约损失分布的某一百分位水平临界值与预期损失的差额。选取预期违约损失分布的99%损失水平临界值来定义经济资本，则样本贷款组合所需经济资本为120 - 59.121 1 = 60.878 9万元。如果知识产权质押贷款组合的信用准备、附加信用准备和经济资本的金额在银行的预期可接受范围内，则考虑放贷。这些指标有可能超出银行预期可接受的范围。这时就要把贷款组合中风险暴露大的贷款减少贷款金额或者直接从贷款组合中去掉。如果把样本组合中知识产权质押贷款人15和20去掉重新计算。知识产权质押贷款组合的信用准备为47.296 88万元，附加信用准备为96万元，经济资本为48.703 12万元。贷款组合风险损失会减少，以此类推就会符合银行的知识产权质押贷款风险控制要求，企业也会获得贷款。

第二节　知识产权质押价值评估新模式

我国中小企业特别是科技型中小企业是国家经济增长和科技创新的重要动力，在我国建设创新型国家战略中发挥着重要作用。然而，与中小企业在国民经济中显著地位不相称的是融资问题严重制约其发展，特别是自2008年金融危机以来许多中小企业因为资金不足纷纷倒闭。导致这种情况的原因主要有两个：

（1）信贷成本高、获利少，银行不愿意放贷给中小企业。通俗地讲，就是银行花同样的时间和精力但获得的利息收入少。实际上，在当今的信息化经济条件下银行长远的发展战略应当是价值管理——挖掘和发展潜在的优质客户，使其成为自己长久稳定的资金需求者和密切的合作伙伴。例如，珠海金山软件股份有限公司在起步阶段急需资金，向珠海商业银行申请贷款，因为没有有形资产抵押，于是提出用计算机软件著作权质押贷款。珠海商业银行看准了这家公司的发展前景，双方达成贷款协议。有了资金的注入金山软件得到飞速发展，银行也取得了收益，更重要的是培植了优质客户，金山软件以后的很多贷款都是和珠海商业银行合作的。另外，对中小企业贷款可批量化营销，制定批量化的风险敞口，运用贷款组合授信的办法统一管理，利用网上银行等现代化手段降低信贷成本。

（2）银行认为中小企业的贷款风险高。中小企业可供抵押或担保的有形资产少，无法通过一般融资途径获得贷款。但是，中小企业特别是科技型中小企业具有技术密集的特点，技术创新是其核心资源。

于是，知识产权质押融资应运而生。知识产权质押融资是以企业拥有的专利、商标、著作权等知识产权为质押物，律师事务所、资产评估机构等提供中介服务，担保公司等提供信用担保，由银行提供贷款的一种融资模式。知识产权质押融资的关键点就在于质押物知识产权未来价值收益的评估。如果评估准确即使出现企业违约情况，银行贷款也可以通过质押物的变现得以收回，大大降低银行的贷款风险。反之，质押物变现金额很少甚至为零，贷款金额有可能无法收回。

有关知识产权价值评估问题一直是一个经济学难题，难在两点：一在分离，知识产权在未来产生的收益必须是和其他有形资产和无形资产结合产生的。如何把要评估的知识产权产生的收益从总收益中剥离出来是一个难题。二在定量，以系统工程视角和经济数学的方法做出质押知识产权价值定量的测定。针对这两个难点运用组合方法对质押融资知识产权价值的确定做一个探索。基于期望超额收益理论，运用价值速算和集值统计的方法层层分离出知识产权的价值。最后，以知识产权价值评估值为依据，运用博弈论从借贷双方的立场确定贷款金额。

一、知识产权质押价值评估新模式概述

目前在资产评估中常用的方法有三种：成本法、市场法、收益法。同时，也有一些其他的方法模型，如期权价格模型、劳动价值论模型等，但这些模型都有一定的局限性。那么对于知识产权质押价值评估适用的方法是哪一个？不可否认的是目前的信贷市场是贷款方的市场。知识产权质押的本质作用是要保障债权，保护银行的利益，因为双方的信息是不对称的，所以一定要考虑银行的需求，才能达成贷款协议。银行的需求有两个方面，一是利息收益，二是贷款风险的控制。第一个方面是成熟化和模式化的，关键是第二个方面风险的控制。信贷违约的风险是在未来产生的。中小企业以知识产权质押保证未来债权的实现，问题的关键是知识产权在未来的价值是多少。知识产权的历史成本和现在的市场价值对于贷款方的银行来讲是没有意义的。例如，某企业的一项知识产权开发成本是100万，目前市场价值是120万，企业以此项知识产权质押从银行借入3年的长期借款100万。3年后，如果此项知识产权价值大于100万，那么即使企业违约，银行的利益也是有保障的；反之，银行就要有损失。由此可见，质押的知识产权

的历史成本和目前的市场价值对于银行来讲没有太大的意义。银行关心的是从放贷日至贷款到期日知识产权可实现的未来价值。要测算未来的价值只能采用收益法，所以知识产权质押融资的评估方法首推收益法。收益法是通过知识产权能够创造的超额收益的折现值来估算知识产权价值的方法。

依据前面的阐述，这种“将利求本”的方法是非常适合知识产权价值评估的。银行如果同意知识产权质押贷款，就必须要有知识产权未来实现的价值作保障。例如，企业某项目目前的年产值为10万元，应用了一项知识产权后年产值为12万元。可以看出2万元的超额收益是由知识产权带来的，因此这2万元就可以作为知识产权的价值。当然，知识产权超额收益的取得往往要同其他无形资产相结合，也依赖于其他有形资产的物化。知识产权创造的超额收益，即真正的价值是小于2万元的，究竟是多少，怎么求得，就是要阐述的核心问题。由此可见，超额收益法主要是预测。知识产权有些价值属性要通过未来的过程反映出来，因此在知识产权价值评估中不可避免地要运用预测方法，如市场前景预测、生产经营前景的预测等。只要资产价值属性同未来状况相关联，预测就是有用的、有意义的。通过上面的分析归纳研究思路，如图4-3所示。

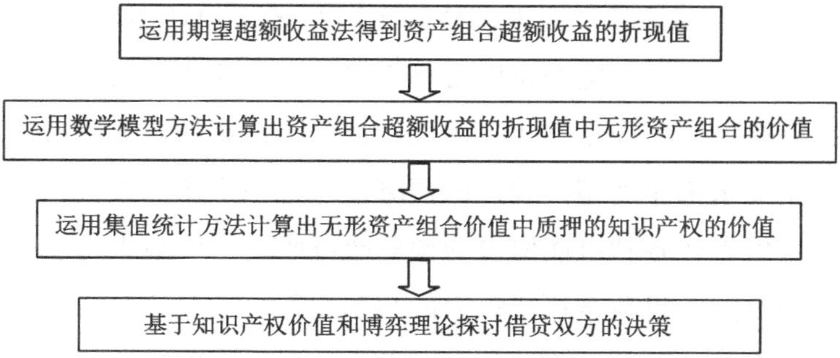

图4-3　知识产权质押价值评估研究思路

二、知识产权质押价值评估新模式理论研究

（一）期望超额收益法

知识产权的超额收益是知识产权的本质特征。知识产权的价值主要取决于它的未来收益。概括地讲，就是知识产权应用于某项目与原来项目相比产生更高的经济收益。使用超额收益法评估知识产权价值的一个重要内容就是预测知识产权产生的未来收益。未来收益预测的准确性是决定知识产权质押价值评估的重要方面。知识产权的未来收益可能显现一定的规律性，也可能没有明显的规律性。预测各年的超额收益主要应用预测技术和专家调查法等现代预测手段。超额收益预测的时间一般以5年为限，第6年以后各年的收益假设是稳定的。

传统的超额收益法评估知识产权价值一般是采用综合调整的方法，即以目前项目收益现状为基础，考虑影响项目未来收益的各种因素调整确定项目未来预期超额收益。实务中常常是假定企业以后每年取得的预期超额收益不变或者按照一个固定的比率增长。但是，传统的超额收益法对企业未来年度超额收益的预测只考虑一个单一数值。这个数值是在各种可能取得的预期超额收益当中最大可能取得的收益，也就是概率最大的预期超额收益。这忽略了其他概率的预期超额收益，没有考虑各种可能的预期超额收益及相应概率的综合影响。例如，某项资产组合的预期超额收益可能有50万元和500万元两种情况，其概率分别为95%和5%。采用传统超额收益法认为50万的概率高达95%，超额收益就是50万元。排除概率5%的预期超额收益的可能性，未能全面反映预期超额收益的不确定性。

针对传统超额收益法的缺点，笔者主张采用期望超额收益法，考虑未来预期超额收益的每一种可能及其发生的概率加权平均求得期望超额收益，将其折现后作为资产组合的价值。按照期望超额收益法计算的资产组合的超额收益应当是$50\times95\%+500\times5\%=72.5$万元，即每年所有预期超额收益的平均期望值。资产组合的预期超额收益需要专业人员进行测算，但这绝不是说资产组合的预期超额收益是主观确定的。资产组合中的知识产权的超额收益是知识产权的本质特征，是未来的一种客观存在。专业人员可以合理预测资产组合的超额收益。当然，如果预测的准确，主观标准与客观对象就会非常接近，反之，就会相差较远。而采用期望超额收益法在一定程度上会减小误差。

（二）无形资产组合价值速算方法

包括知识产权在内的无形资产必须和有形资产相结合物化之后才能产生预期超额收益。预期超额收益实际上是无形资产组合和有形资产组合整合后共同作用产生的。如果整合成功，应该产生1+1＞2的效果，即产生的预期超额收益值一般大于单项资产的组合。基于以上分析，实务中有形资产组合的投入和价值预测是较容易的。那么，用预期超额收益减去有形资产组合能不能得到无形资产组合的价值呢？显然不行，如果这样计算就会高估无形资产组合的价值。因此，需要借鉴项目投资计算方法和收益现值分成的思想。

围绕知识产权的所有资产结合到一起才能创造预期超额收益，有形资产和无形资产缺一不可。我们将所有资产等同看待，按不同资产的投入比例确定无形资产组合的贡献，并以此作为无形资产组合的价值。按照这种思路，刘少滨在他的文章中针对技术型无形资产价值的计算进行数学推导并得到计算模型。在这里不再赘述他的推导过程，借鉴他的模型思想可以得到无形资产组合的计算方法如下：

$$M = N \times \frac{F - F_0}{F_0 + N} \quad \cdots\cdots (1)$$

式中：M——预期超额收益中无形资产组合的最小估算价值（近似看作无形资产组合的清算价值）；

N——有形资产组合价值；

F——预期超额收益现值；

F_0——有形资产组合的机会成本。

$$W = \frac{F - F_0}{F + N} \quad \cdots\cdots (2)$$

式中：W——超额收益的分成率；

N——有形资产组合价值；

F——预期超额收益现值；

F_0——有形资产组合的机会成本。

$$V = M \times (1 + W \times \frac{F_0}{N}) \quad \cdots\cdots (3)$$

式中：V——预期超额收益中无形资产组合的最大估算价值（近似看作无形资产组合的投资价值）；

M——预期超额收益中无形资产组合的最小估算价值；

W——预期超额收益的分成率；

N——有形资产组合价值；

F_0——有形资产组合的机会成本。

（三）集值统计方法

无形资产组合的价值是由包括知识产权在内的不同类型的无形资产共同创造的。因此，如果计算出知识产权在无形资产组合价值中的贡献（权重），就可以计算出知识产权的价值。计算权重采用集值统计的方法，具体的操作步骤如下：

1. 求得无形资产组合价值 E_0

通过前面的期望超额收益法和数学计算方法可以得到E_0。

2. 确定无形资产组合中各指标价值比重集 W

首先，构建影响无形资产组合价值各指标的集合$U=\{u_1, u_2, \cdots, u_n\}$，指标的选择尽量把影响无形资产组合价值的所有主要因素都考虑进去。这一过程可以征求各方意见进行综合考虑并不断完善，最终确立一个满意的无形资产组合价值体系。其次，针对集合U中的各指标给出比重集$W=(W_1, W_2, \cdots, W_m)$，采用集值统计的方法确定各指标的比重。要求专家打分时只给出一个区间估计值，这样相比于经典统计更加客观、科学。具体做法是：首先给专家发放包括知识产权指标在内的无形资产组合中各指标的调查表，让专家参考表4-5的评分标准评分，分数是一个区间估计值，也可以跨越等级，如打出［0.15，0.33］这样的估计值。然后，根据各位专家评出的区间估计值调整计算出各指标的分值$\bar{u}$，进行归一化处理就得到各指标的比重。对各指标评出分值可体现指标的重要性，直接进行归一化算比重，体现出分值和比重相一致。通过比重计算出知识产权的评估值。

表4-5　无形资产组合价值影响指标评价标准

影响指标等级	参考打分标准
很不重要	0 ~ 0.2
不重要	0.2 ~ 0.4
一般	0.4 ~ 0.6
重要	0.6 ~ 0.8
很重要	0.8 ~ 1

三、知识产权质押价值评估新模式应用研究

某公司用一项专利技术A质押向银行借入5年期长期借款。从专利项目可行性研究报告和企业2017年财务报表可知，引入这项新的专利技术同时要追加一定的有形资产投资，提高工人的技术水平，改进管理方法和营销技巧。预计投产后可使产品A的质量和产量都有所提高且成本略有下降。根据相关数据资料对该专利技术进行价值评估，具体操作步骤如下：

1.计算预期超额收益

根据专利项目可行性研究报告预测5年的预期超额收益及相应的概率。从第6年开始每年的预期超额收益相等且等于第5年的超额收益，折现率为银行5年贷款利率6%，如表4-6所示。

表4-6 项目年度超额收益预测

年份	2017年			2018年			2019年			2020年			2021年		
预期超额收益/万元	20	25	30	30	35	40	40	45	50	45	50	55	50	55	60
概率/%	10	70	20	20	50	30	30	20	50	10	20	70	20	30	50
期望超额收益/万元	27.5			35.5			46			53			56.5		
期望超额收益现值/万元	884.071 35														

2017年预期超额收益：$20 \times 10\% + 25 \times 70\% + 30 \times 20\% = 27.5$（万元）。其他年度预期超额收益计算方法相同。

$$P = \frac{27.5}{(1+6\%)^1} + \frac{35.5}{(1+6\%)^2} + \frac{46}{(1+6\%)^3} + \frac{53}{(1+6\%)^4} + \frac{56.5}{(1+6\%)^5} + \frac{56.5}{(1+6\%)^5} \times \frac{1}{6\%}$$

$$= 180.363\,85 + 703.707\,5$$

$$= 884.071\,35\text{（万元）}$$

884.071 35万元是有形资产组合和无形资产组合共同产生的超额收益。同时，利用无形资产组合价值速算方法计算出无形资产组合的超额收益，即无形资产组合的价值。

2.计算无形资产组合价值

从专利项目可行性研究报告可知，有形资产组合的投入为$N = 400$万，有形资产组合投入的机会成本$F_0 = 300$万元。

根据公式：

$$M = N \times \frac{F - F_0}{F_0 + N} = \frac{884.07135 - 300}{300 + 400} \times 400$$

$$= 333.755\,056（万元），$$

$$W = \frac{F - F_0}{F + N} = \frac{884.07135 - 300}{884.07135 + 400} = 0.45,$$

$$V=M\times\left(1+W\times\frac{F_0}{N}\right)=333.755\,056\times\left(1+0.45\times\frac{300}{400}\right)$$

$$=446.397\,387（万元）。$$

333.755 056万元是预期超额收益中无形资产组合的最小估算价值。这是在本项目评估环境下无形资产组合的评估价值，实际上接近于无形资产组合的清算价值，其利润分成率为45%。446.397 387万元是预期超额收益中无形资产组合的最大估算价值，是考虑了无形资产组合的投资红利和累积摊销的评估值，接近于无形资产组合的投资价值。接下来是从无形资产组合价值中分离出知识产权的价值。

3. 集值统计方法计算知识产权价值

（1）无形资产组合的价值E_0已经计算出来了。准确地讲是一个区间值［333.755 056万，446.397 387万］。

（2）影响无形资产组合价值的指标集是W=（专利技术，工人技术水平，管理方法，营销技巧）。

（3）专家针对指标集采用集值统计的原理给出评价指标区间值并计算出结果，如表4-7所示。

表4-7 专家评分及集值统计处理结果

E_0值构成指标	工人技术水平	管理方法	专利技术	营销技巧
专家1	[0.4,0.5]	[0.5,0.7]	[0.6,0.7]	[0.4,0.5]
专家2	[0.5,0.6]	[0.7,0.8]	[0.7,0.9]	[0.3,0.4]
专家3	[0.4,0.6]	[0.6,0.7]	[0.7,0.8]	[0.3,0.4]
专家4	[0.5,0.6]	[0.7,0.8]	[0.8,0.9]	[0.3,0.5]
专家5	[0.4,0.5]	[0.6,0.8]	[0.6,0.7]	[0.3,0.4]
专家6	[0.6,0.7]	[0.6,0.8]	[0.7,0.8]	[0.4,0.5]
专家7	[0.4,0.6]	[0.5,0.6]	[0.6,0.9]	[0.3,0.4]
专家8	[0.3,0.5]	[0.7,0.8]	[0.7,0.8]	[0.3,0.5]
专家9	[0.4,0.5]	[0.6,0.7]	[0.6,0.7]	[0.3,0.4]
专家10	[0.5,0.7]	[0.6,0.8]	[0.6,0.7]	[0.4,0.5]
$\bar{u}$	0.543	0.678	0.715	0.401
b	0.991 2	0.993 1	0.991 7	0.993 7

以“专利技术”一栏为例说明$\bar{u}$和b的确定过程。

$$\bar{u}=\frac{1}{2}\times\frac{\left(0.5^2-0.4^2\right)+\left(0.6^2-0.5^2\right)+\cdots+\left(0.7^2-0.5^2\right)}{(0.5-0.4)+(0.6-0.5)+\cdots+(0.7-0.5)}$$

$$=\frac{1.52}{2.8}=0.543,$$

$$g=\frac{1}{3}\times\left\{\left[(0.5-0.543)^3-(0.4-0.543)^3\right]+\cdots+\right.$$

$$\left.\left[(0.7-0.543)^3-(0.5-0.543)^3\right]\right\}/\left[(0.5-0.4)+\cdots+\right.$$

$$\left.(0.7-0.5)+(0.5-0.4)+\cdots+(0.7-0.5)\right]$$

$$=\frac{0.037\,080\,12}{4.2}$$

$$=0.008\,828\,6$$

$$b=\frac{1}{1+0.008\,828\,6}\approx 0.991\,2。$$

计算结果的置信度和专家判断的一致性都很高，同理可以计算其他因素的分值。表中$\bar{u}$值归一化之后就得到无形资产组合中专利技术这项知识产权的指标比重$W=\frac{0.715}{2.337}\times 100\%\approx 31\%$。

专利技术的评估值应当是：$E_0\times 31\%=$［333.755 056万×31%，446.397 387万×31%］=［103.464 067万，138.383 19万］。集值统计方法的引入，解决了无形资产组合中各因素的模糊性、随机性、难以量化的问题。既符合无形资产组合价值模糊性的特点，又方便地集中多种不同意见，减少专家判断中的随机误差，具有较强的逻辑性、适用性和系统性，因此该方法有较为客观、全面、合理等优点。103.464 067万元是这项知识产权最小的评估值，理论上接近于清算价值；138.383 19万元是这项知识产权的最大评估值，理论上接近于投资价值。笔者认为资产评估过程中必然会受人主观意识的影响，评估值是很难绝对准确的，得到一个单一的准确评估值是较理想化。评估值是价值区间看似不如单一评估值准确，实际上能够给决策者提供有价值的参考范围，更具有可操作性和现实意义。

四、总结

这项知识产权的评估值区间已经确定为［103.464 067万，138.383 19万］，可以为借贷双方提供决策参考。首先，企业想让质押资产发挥最大效用，认为质押资产的价值就是投资价值138.383 19万元。但是，这很难实现，目前的信贷市场主动权还是掌握在银行的手里，银行不会以最大评估值作为贷款金额。而且，中小企业在银行进行知识产权的质押贷款毕竟和真正的交易有所差别，其最终目的是获得贷款而不是把知识产权售卖。对于企业而言只要满足资金需求，即使贷款金额低于知识产权价值评估值103.464 067万元也是可以接受的。对于银行而言，在获得利息收益的同时更注重的是控制贷款风险，往往是以不大于最低评估值103.464 067万元作为放贷的金额。如果放贷金额要大于最低评估值，银行就要放开风险敞口承担更大的风险，但一般情况下银行是不会做的。P_{min}是企业的最低资金需求，形成区间［P_{min}，$+\infty$］。P_{max}是银行的放贷金额上限，形成区间［0，P_{max}］。这两个区间没有交集说明借贷双方无法达成协议；有交集就形成了一个谈判区间［P_{min}，P_{max}］。实际借贷过程中，借款方和贷款方均或多或少地知道一些对方的信息，所以对于借款方的企业判断贷款方的银行在贷款的上限P_{max}可以降低多少贷款金额A。对于贷款的银行会判断借款方的企业在最低资金需求P_{min}的基础上试图多获得多少贷款金额B。谈判区间就成为［$P_{min}+B$，$P_{max}-A$］。A和B会随着谈判进程不同轮次的议价有所变化，从而使谈判区间［$P_{min}+B$，$P_{max}-A$］也相应地形成一个逐步缩小的动态变化的讨价还价区间。当然也有可能出现特例，当$A=0$，$B=0$时保持［P_{min}，P_{max}］区间不变。当$P_{min}+B=P_{max}-A$时，就是均衡点，即知识产权质押贷款金额。

知识产权质押价值的确定，是资产评估中公认的难点，仅仅应用一种方法很难获得理想的评估结果。应用超额收益理论结合数学推导计算和集值统计方法非常简单易操作，真正实现模糊指标的量化，具有较强的逻辑性、适用性，提高了知识产权质押价值确定的准确性和可信度。

第三节　基于区间数的知识产权质押评估收益法研究

目前，资产评估方法主要有成本法、市场法和收益法，是理论界和实务界公认的三种方法。同时，还有层次分析法、期权价格模型、劳动价值论模型和蒙特卡洛模型等方法，但这些方法模型基本停留在理论探讨阶段。针对知识产权质押融资价值评估采用成本法不能反映其真实价值，而采用市场法很难找到同类质产品。比较而言，知识产权质押融资价值评估较适合的方法是收益法。收益法是通过估算知识产权带来的未来预期收益额，利用恰当估计的折现率和收益期折算成现值，再将折现值的合计数作为被评估知识产权价值的一种方法。其基本公式是：

$$V=\sum_{t=1}^{n}\frac{R_t}{(1+r)^t} \qquad \cdots\cdots (1)$$

式中：V——资产的评估价值；

R_t——第 t 年的预期收益额；

r——预计折现率；

t——预期收益期限。

收益法评估模型有预期收益额、预期收益期限和折现率三个指标。在保证这三个指标存在并可预测前提下，收益法模型应用的关键就是科学地确定模型中三个变量的数值。针对目前的理论研究和评估实务，会发现一个情况：无论是评估结果还是参数指标往往是单一的数值，甚至可以精确到小数点后很多位。这个精确的数值可以理解为资产评估师给出的和真实价值最接近的评估值所采用的点估计。但这种点估计得到的评估值与真实值的接近程度或误差范围却从未给出。评估业务属于咨询业务，评估师在进行价值评估时或多或少的有主观判断的因素，而被评估资产因受到内外因素的影响其价值也是波动的。这也决定了评估结果很难是一个精确的点值。即使需要一个精确的评估值，也应该先有一个区间评估值，体现误差的空间和范围，然后在区间值的范围内确定精确的点评估值。根据资产评估业务的特点，笔者提出把区间数估计应用到收益法当中去。针对三个评估参数给出区间测定值，以样本指标推断总体指标，然后以区间值形式呈现评估参数和结果。

一、基于区间数的知识产权质押评估收益法理论研究

基于区间数的知识产权质押融资价值评估收益法模型如下：

$$[V^-, V^+] = \sum_{[T^-, T^+]=1}^{n} \frac{[R_t^-, R_t^+]}{(1+[r^-, r^+])^{[T^-, T^+]}} \quad \cdots\cdots (2)$$

把公式（2）进一步表示如下，其他参数不变。

$$[V^-, V^+] = \left[\sum_{T^-=1}^{n} \frac{[R_t^-, R_t^+]}{(1+[r^-, r^+])^{T^-}}, \sum_{T^+=1}^{n} \frac{[R_t^-, R_t^+]}{(1+[r^-, r^+])^{T^+}} \right] \quad \cdots\cdots (3)$$

式中：$[V^-,\ V^+]$——资产评估的区间值；

$[R_t^-,\ R_t^+]$——第t年的预期收益额区间值；

$[r^-,\ r^+]$——预计折现率的区间值；

$[T^-,\ T^+]$——预期收益期限区间值。

1. 预期收益额区间值$[R_t^-,\ R_t^+]$

模型中的$[R_t^-,\ R_t^+]$是知识产权带来的未来预期收益额而不是历史收益额，确定收益额常用的方法是超额收益法。该方法是通过知识产权前后预期收益的持续增加额作为预期收益额。知识产权超额收益的产生要以有形资产作为载体。于是预期超额收益中也就会包含一部分有形资产创造的价值。如果要把知识产权和有形资产协同效应产生的预期超额收益分离，实际上是很困难和无法精确的。同时，未来的超额收益因为受到内外多种因素的影响也很难得到一个精确数值。因此，估计一个区间值就更客观，更符合实际情况。

除了超额收益法，常用的预期收益额的估计方法还有差额法、分成率法、贡献率法等。这些方法也需要把知识产权创造的预期收益额从资产组合创造的总的预期收益额中分离得到。无论是直接分离计算还是间接分离计算，都需要评估师主观判定很多影响因素和参数。有学者利用离散数学、模糊评价、非线性代数和数理统计等方法选取参数，也需要定性与定量地结合才能实现。这些理论方法计算的点值，实际上也是估计值。如果知识产权预期收益额采用一个区间值就可以容纳多种因素，那么也会考虑交易双方的需求和实际情况，从而体现出评估值的本质特性，容易被交易双方接受。

2. 折现率的预计区间值$[r^-, r^+]$

折现率作为一种投资报酬率由两部分组成，一部分是无风险报酬率，可以用国债利率表示；另一部分是风险补偿报酬率。因为受到社会政治因素、宏微观经济因素、通货膨胀因素等影响，风险报酬率难以量化为一个精确数值，所以折现率随之确定为一个区间值也更合理。折现率主要计算方法有：资本资产定价模型（CAMP）、加权平均资本成本（WACC）、风险累加模型、层次分析法、数理统计方法等。这些方法的应用基本上都要受到一定条件或假设的约束和影响。同时，受银行利率波动、宏观经济变化、通货膨胀和行业发展变化等因素影响，折现率也会随之变化，而折现率的选取在某种程度上也受到评估师主观因素的影响。因此，无论如何精确计算也只能是一个近似的估计。预计折现率和预期收益额一样也是一个区间值，这更符合实际情况。

3.预期收益期限区间值$[T^-, T^+]$

知识产权预计收益期限是指知识产权在评估基准日后的剩余收益年限，而评估基准日与违约的时间有关。违约发生就需要开始考虑质押物变现的问题。知识产权的经济寿命理论上讲是越长越好，但实际上却很难做到。知识产权的寿命分为自然寿命、经济寿命和法定（合同）寿命。自然寿命大于经济寿命，而经济寿命往往短于法定（合同）寿命。例如，按照我国《专利法》的规定一项发明专利的法定保护期是20年，实用新型是10年，外观设计是15年，实际上知识产权的经济寿命也是有周期的。技术更新一般在短短几年内就会完成，IT领域的技术更新大约3年，技术更新较慢的造船领域大约15年。知识产权有可能因为广泛使用不具有独占性和先进性，不能再给使用者带来超额收益，其经济寿命就宣告结束。所以，评估师应根据具体情况分析该项知识产权的预计收益期限。笔者认为预测的知识产权的收益期限不能短于贷款期限，变现值不能低于贷款额，不然将无法保证债权。至于最长时间，因为在未来受多种因素的影响只能是估计预测，较难确定具体日期。因此，知识产权预计收益期限也是一个区间值。

4.资产评估的区间值$[V^-, V^+]$

收益法模型中的参数都是区间值，计算得到的评估值也是一个区间价值。知识产权质押的目的是获得贷款不是真的要交易。因此，评估师要考虑交易双方的需求和意图，但并不是替交易双方做决策，而是提供一个客观的知识产权估值区间。这个区间价值为交易双方提供一个博弈的范围，有利于达成交易和节约交易成本。评估值以区间价值呈现也有利于评估师执业过程尽职尽责，避免承担不必要的责任。

5. 区间数理论及运算规则

收益法模型由确定点值范围推广到区间值范围后，就需要借助区间运算才能得到知识产权质押融资评估值。区间数运算所遵循的基本运算规则如下：

设R为实数，$a=\left[a^{-},a^{+}\right]=\left\{x\,|\,a^{-}\leqslant x\leqslant a^{+}\right\}\left(a^{-},a^{+}\in \mathrm{R}\right)$称$a$为区间数。当$a^{-}=a^{+}$的时候，区间数$a$就是一个实数。设$I_1=\left[a^{-},\ a^{+}\right]$，$I_2=\left[b^{-},\ b^{+}\right]$是区间数，依据扩张原理运算如下：

$I_1+I_2=\left[a^{-}+b^{-},\ a^{+}+b^{+}\right]$，$I_1-I_2=\left[a^{-}-b^{-},\ a^{+}-b^{+}\right]$

限定$0<a^{-}\leqslant a^{+}$，$0<b^{-}\leqslant b^{+}$，

则$I_1\times I_2=\left[a^{-}b^{-},\ a^{+}b^{+}\right]$，

$$I_1\div I_2=\left[\frac{a^{-}}{b^{+}},\frac{a^{+}}{b^{-}}\right],$$

$$\left[a^{-},\ a^{+}\right]^{n}=\left[\left(a^{-}\right)^{n},\left(a^{+}\right)^{n}\right]。$$

二、基于区间数的知识产权质押评估收益法应用研究

2017年12月，FZ公司用一项专利技术W作为质押物向某银行借入3年期长期借款，采用等额本息还款法。预计应用专利技术W后，相关产品A的质量和产量都有所提高且成本略有下降。依据专利技术研究报告和2017年财务报告，综合考虑多种因素预测专利技术的预期超额收益值、预计折现率和预期收益年限三项指标，如表4-8所示。2017年3年期国债利率为4.92%，考虑行业平均风险报酬率确定折现率区间为［0.07，0.08］；预期收益年限不可以短于3年，否则在借款期内无法为债权提供保证，预期收益年限区间为[5，6]。

表4-8　知识产权价值评估收益法参数

时间	第1年	第2年	第3年	第4年	第5年	第6年
预期超额收益	[30,35]	[30,35]	[40,45]	[40,45]	[20,25]	[5,7]
预计折现率	[0.07,0.08]	[0.07,0.08]	[0.07,0.08]	[0.07,0.08]	[0.07,0.08]	[0.07,0.08]
评估值	[131.415,152.169 1]					

根据公式（3）可得到下面两个公式。

$$V^- = \sum_{T^-=1}^{n} \frac{\left[R_t^-,\ R_t^+\right]}{\left(1+\left[r^-,\ r^+\right]\right)^{T^-}}, \qquad \cdots\cdots（4）$$

$$V^+ = \sum_{T^+=1}^{n} \frac{\left[R_t^-,\ R_t^+\right]}{\left(1+\left[r^-,\ r^+\right]\right)^{T^+}} \qquad \cdots\cdots（5）$$

根据公式（4）计算V^-的结果如下：

$$V^{-}=\frac{[30,35]}{1+[0.07,0.08]}+\frac{[30,35]}{(1+[0.07,0.08])^{2}}+\frac{[40,45]}{(1+[0.07,0.08])^{3}}+\frac{[40,45]}{(1+[0.07,0.08])^{4}}+\frac{[20,25]}{(1+[0.07,0.08])^{5}}=[128.264\,2,152.169\,1]$$

根据公式（5）计算V^{+}的结果如下：

$$V^{+}=\frac{[30,35]}{1+[0.07,0.08]}+\frac{[30,35]}{(1+[0.07,0.08])^{2}}+\frac{[40,45]}{(1+[0.07,0.08])^{3}}+\frac{[40,45]}{(1+[0.07,0.08])^{4}}+\frac{[20,25]}{(1+[0.07,0.08])^{5}}+\frac{[5,7]}{(1+[0.07,0.08])^{6}}=[131.415,156.833\,5]$$

最后的评估值为：

$$[V^{-},\ V^{+}]=[128.264\,2,\ 152.169\,1]\cap I=[131.415,\ 156.833\,5]=[131.415,\ 152.169\,1]。$$

三、总结

基于区间数的收益法，考虑资产评估的主观性、模糊性、波动性等特性，同点参数值和点评估值相比更贴近评估的实际，具有可操作性和参考价值，实际上是更严谨和更准确的。

区间评估值和点评估值是不矛盾的。区间评估值是点评估值形成的基础，点评估值应当是在区间评估值范围内得到。从理论的角度，可以应用集值统计方法、层次分析方法和其他理论方法在区间值范围内计算得到点评估值。从评估实务的角度，区间评估值为借贷双方提供决策参考范围。首先，企业知识产权质押的目的是获得贷款而不是把知识产权出售，只要满足资金需求，即使贷款金额低于知识产权价值评估值也是可以接受的，而银行既要考虑获得利息收益也要控制贷款风险。以应用举例的区间评估值为例：［P_{min}=131.415，P_{max}=152.169 1］。实际借贷过程中，借款方和贷款方多少都知道一些对方的信息，所以对于借款方的企业会判断贷款方的银行在贷款的上限P_{max}基础上可以降低多少贷款金额A。对于贷款的银行会判断借款方的企业在最低资金需求P_{min}的基础上试图多获得多少贷款金额B。谈判区间就成为［$P_{min}+B$，$P_{max}-A$］，A和B会随着谈判进程逐渐变化，从而使区间［$P_{min}+B$，$P_{max}-A$］也形成一个逐步缩小的讨价还价区间。当$P_{min}+B=P_{max}-A$时，就是均衡点，即知识产权质押贷款金额。

把知识产权质押融资价值评估收益法模型进行改进和优化，从而得到更加准确的知识产权价值评估值。在区间数理论基础上，运用区间运算规则把收益法模型由点值范围推广到区间范围，并通过博弈模拟得到最终评估值。通过应用举例呈现研究结果，收益法模型各参数推广到区间范围具有可行性，应用区间运算规则也得到知识产权的区间估值，质押双方在估值区间内博弈也更容易达成一致。

通过研究可以得到下列结论：知识产权价值评估收益法模型参数和评估结果采用区间值更符合价值评估实际情况，即使需要一个精确的点值，也应该在体现误差范围的区间评估值基础上得到。通过对收益法模型各参数和评估结果的逐个论证，可以确定收益法模型推广到区间范围内具备理论可行性。结合区间数的运算规则，区间数收益法也具备了知识产权价值评估实践的应用性。综合来看，区间数收益法更符合资产评估的国际规则和现实情况。用区间数测定参数和呈现资产评估值是对收益法模型的创新改进和功能扩展。相比于很多艰深的理论方法，基于区间数的收益法简单易懂、易于操作，是完全可以在评估实践中应用的理论方法，具有实务操作的可行性和应用性。

第四节　知识产权质押融资价值评估研究

知识产权质押融资的关键点就在于对质押物知识产权未来价值收益的评估。如果评估准确即使出现企业违约情况，银行贷款也可以通过质押物的变现得以收回，大大降低银行的贷款风险。反之，质押物变现金额很少甚至为零，贷款金额有可能无法收回。

本节讨论是：基于期望超额收益理论，得到资产组合的预期超额收益；运用AHP方法构建模型，计算出知识产权在资产组合的预期超额收益中所占权重；最后，确定知识产权质押融资评估值。

一、知识产权质押融资价值评估研究概述

中小企业要从银行获得贷款而不是要把知识产权售卖给银行。知识产权质押的本质作用是要保障债权，保护银行的利益。因为双方的信息是不对称的，一定要考虑银行的需求，才能达成贷款协议。银行的需求有两个方面，一是利息收益，二是贷款风险的控制。第一个方面是成熟化和模式化的，关键是第二个方面风险的控制。信贷违约的风险是在未来产生的。中小企业以知识产权质押保证未来债权的实现。问题的关键是知识产权在未来的价值是多少。知识产权的历史成本和现在的市场价值对于贷款方的银行来讲是没有很大意义的。

例如，某企业的一项知识产权开发成本是100万，目前市场价值是120万，该企业以此项知识产权质押从银行借入3年的长期借款100万。3年后，如果此项知识产权价值大于100万，那么即使企业违约银行的利益也是有保障的；反之，银行就要有损失。由此可见，质押的知识产权的历史成本和目前的市场价值对于银行来讲没有太大的意义。银行关心的是从放贷日至贷款到期日知识产权可实现的未来价值。而要测算未来的价值只能采用收益法。所以，知识产权质押融资的评估方法首推收益法。收益法是通过知识产权能够创造的超额收益的折现值来估算知识产权价值的方法。依据前面的阐述，这种“将利求本”的方法是非常

适合知识产权价值评估的。银行如果同意知识产权质押贷款，就必须要有知识产权未来实现的价值作保障。举一个例子，企业某项目目前的年产值10万元，应用了一项知识产权后年产值为12万元。可以看出2万元的超额收益是由该项知识产权带来的，这2万元就可以作为知识产权的价值。当然，知识产权超额收益的取得往往要同其他无形资产相结合，也依赖于其他有形资产的物化。实际上知识产权创造的超额收益即真正的价值是小于2万元的，究竟是多少，怎么求得就是文章阐述的核心问题。由此可见，超额收益法主要是预测。根据过去和现在的条件，依据事物发展固有规律性揭示将来的状况。知识产权有些价值属性要通过未来的过程反映出来。在知识产权价值评估中不可避免地要运用预测方法，如市场前景预测、生产经营前景的预测等。只要资产价值属性同未来状况相关联，预测就是有用的有意义的。通过上面的分析归纳研究思路，如图4-4所示。

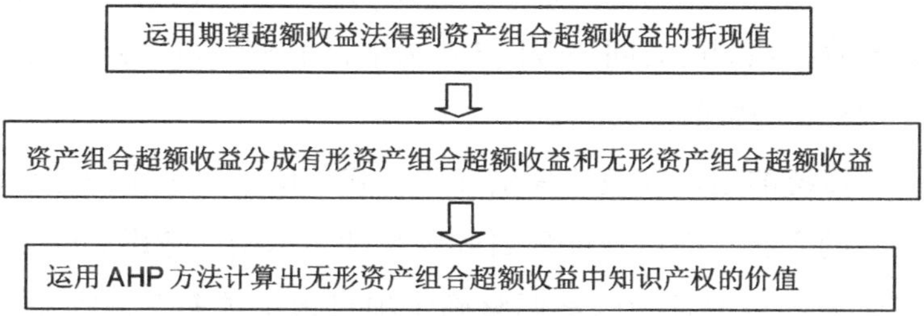

图4-4 知识产权质押融资价值评估研究思路

二、知识产权质押融资价值评估理论研究

（一）期望超额收益法

超额收益法的理论基础是超额收益理论。该理论认为一项无形资产价值是预期创造的未来收益，是超过正常报酬形成的超额利润的现值。这一理论指出了知识产权作为资产的三个基本特征：经济资源、获益能力和货币计量。三个特征从理论上为知识产权价值评估提供了标准。企业有无预期超额收益是评估知识产权价值的定性标准，预期超额收益的大小是评估知识产权价值的定量标准。因此，超额收益法用未来超额收益价值的形式计量知识产权这种特殊经济资源的做法，具有理论上的合理性和科学性。知识产权的超额收益是知识产权的本质特征。知识产权的价值主要取决于它的未来收益。知识产权的未来收益可能显现一定的规律性，也可能没有明显的规律性。预测各年的超额收益主要应用预测技术和专家调查法等现代预测手段。超额收益预测的时间一般以5年为限，第6年以后各年的收益假设是稳定的。

传统的超额收益法评估知识产权价值一般是采用综合调整的方法。即以目前项目收益现状为基础，考虑影响项目未来收益的各种因素调整确定项目未来预期超额收益。实务中常常是假定企业以后每年取得的预期超额收益不变或者按照一个固定的比率增长。但是，传统的超额收益法

对企业未来年度超额收益的预测只考虑一个单一数值。这个数值是在各种可能取得的预期超额收益当中最大可能取得的收益，也就是概率最大的预期超额收益。忽略了其他概率的预期超额收益，没有考虑各种可能的预期超额收益及相应概率的综合影响。举个例子，某项资产组合的预期超额收益可能有50万元和500万元两种情况，其概率分别为95%和5%。采用传统超额收益法认为50万的概率高达95%，超额收益就是50万元，排除了概率5%的预期超额收益的可能性。未能全面反映预期超额收益的不确定性。针对传统超额收益法的缺点，笔者主张采用期望超额收益法，考虑未来预期超额收益的每一种可能及其发生的概率加权平均求得期望超额收益，将其折现后作为资产组合的价值。按照期望超额收益法计算的资产组合的超额收益应当是50×95%+500×5%=72.5万元，即每年所有预期超额收益的平均期望值。

资产组合的预期超额收益需要专业人员进行测算，但这绝不是说资产组合的预期超额收益是主观任意确定的。资产组合中的知识产权的超额收益是知识产权的本质特征，是未来的一种客观存在。专业人员可以合理预测资产组合的超额收益。当然，如果预测得准确，主观标准与客观对象就会非常接近，反之，就会相差较远。而采用期望超额收益法在一定程度上会减小误差。

（二）AHP方法

层次分析法（AHP）的具体操作步骤在前面的章节有详细的说明。在此对该方法所包含的决策思想做一个介绍。我们在做决策的时候或者是对知识产权的价值做评估的时候，往往是基于多个因素做判断。这个过程中就会有一些主观的因素，而这些因素由于交易双方情况的不同，对于相同的因素也会有不同的侧重。于是，主观因素就给评估的量化解决方案带来了很多不便。为了能够把定性和定量两个方面结合起来，就开发了层次分析法。该方法要正确运用，非常重要的基础性工作是对复杂决策问题或评估对象的本质、影响因素及其内在关系做出正确的判断，利用尽量少的定量指标信息把庞杂决策问题或评估对象，通过思维数学化过程做出决策和判定。层次分析法的原理是根据问题的性质以及要达到的总目标，将目标分解为不同的组成因素，再根据因素间的相互关联以及隶属关系，按不同的层次聚集组合，形成一个多层次的分析结构模型，从而最终使问题归结为最低层（供决策的方案、措施等），相对于最高层（总目标）的相对重要权值的确定或相对优劣次序的排定。该方法大体可以分为以下四个步骤：

1. 建立层次结构模型

一般分为目标层Z，准则层A1、A2、A3…方案层B1、B2、B3…，如图4-5所示。

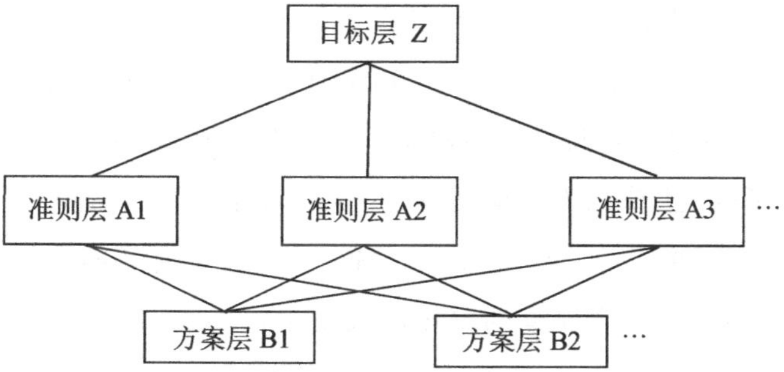

图4-5　层次结构模型示意

2. 构造判断(成对比较)矩阵

根据Saaty的1~9标度法进行两两比较，一定是两两比较。尽量采用相同尺度，是所有因素针对上一层某一个因素（准则或目标）的相对重要性的比较。

3. 层次单排序及其一致性检验

所谓层次单排序是指同一层次因素对于上一层次某个因素相对重要性的权重值排序，但能否确认层次单排序，还需要进行一致性检验。所谓一致性检验，是指对成对比较矩阵确定不一致的允许范围。层次单排序及其一致性检验的基本操作步骤前文已经说明，这里不再赘述。

4. 层次总排序及其一致性检验

所谓层次总排序是指某一层次所有因素对于最高层（总目标）相对重要性的权重值。这一过程是从最高层到最低层依次计算各层元素对目标层的总排序权重。最终要得到各元素，特别是最低层中各元素对于目标层（最上层）

的排序权重，即所谓总排序权重，从而进行方案的选择。总排序权重要自上而下地将单准则下的权重进行合成，并逐层进行总的判断一致性检验。其基本原理如下：

假定已算出$k-1$层m个元素相对于总目标的权重是$W^{(k-1)}=(W_1^{(k-1)}, W_2^{(k-1)}, \cdots, W_m^{(k-1)})^T$，则第$k$层$n$个元素对$k-1$层第$j$个元素的单排序权重是$P_j^{(k)}=(P_{1j}^{(k)}, P_{2j}^{(k)}, \cdots, P_{nj}^{(k)})^T$，其中不受$j$支配的元素的权重为零。令$P^{(k)}=(P_1^{(k)}, P_2^{(k)}, \cdots, P_n^{(k)})$，表示第$k$层元素对第$k-1$层个元素的排序，则第$k$层元素对于总目标的总排序为：$W^{(k)}=(W_1^{(k)}, W_2^{(k)}, \cdots, W_n^{(k)})^T=p^{(k)}w^{(k-1)}$同样，也需要对总排序结果进行一致性检验。假定已经算出针对第$k-1$层第j个元素为准则的$CI_j^{(k)}$、$RI_j^{(k)}$和$CR_j^{(k)}$，$j=1, 2, \cdots, m$，则第k层的综合检验指标

$$CI_j^{(k)}=(CI_1^{(k)}, CI_2^{(k)}, \cdots, CI_m^{(k)})W^{(k-1)}$$

$$RI_j^{(k)}=(RI_1^{(k)}, RI_2^{(k)}, \cdots, RI_m^{(k)})W^{(k-1)}$$

$$CR^{(k)}=\frac{CI^{(k)}}{RI^{(k)}}$$

当$CR^{(k)}<0.1$时，认为判断矩阵的整体一致性是可以接受的。层次总排序及其一致性检验具体操作步骤前文已经说明，这里不再赘述。

第五节 知识产权质押融资价值评估应用研究

某公司用一项专利技术A质押向银行借入5年期长期借款。引入这项新的专利技术同时要追加一定的有形资产投资，提高工人的技术水平，改进管理方法和营销技巧。预计投产后可使产品A的质量和产量都有所提高且成本还略有下降。对该专利技术进行价值评估。根据相关数据资料具体操作步骤如下：

一、计算预期超额收益

根据专利项目可行性研究报告预测5年的预期超额收益及相应的概率。从第6年开始每年的预期超额收益相等且等于第5年的超额收益。折现率为银行5年贷款利率6%，如表4-9所示。

表4-9 项目年度超额收益预测

年份	2020年			2021年			2022年			2023年			2024年		
预期超额收益/万元	20	25	30	30	35	40	40	45	50	45	50	55	50	55	60
概率/%	10	70	20	20	50	30	30	20	50	10	20	70	20	30	50
期望超额收益/万元	27.5			35.5			46			53			56.5		
期望超额收益现值/万元	884.071 35														

2020年预期超额收益：20×10%+25×70%+30×20%=27.5

（万元），其他年度预期超额收益计算方法相同。

$$P=\frac{27.5}{(1+6\%)^{1}}+\frac{35.5}{(1+6\%)^{2}}+\frac{46}{(1+6\%)^{3}}+\frac{53}{(1+6\%)^{4}}+\frac{56.5}{(1+6\%)^{5}}+\frac{56.5}{(1+6\%)^{5}}\times\frac{1}{6\%}$$

$$=180.36385+703.7075=884.07135\text{（万元）}$$

884.071 35万元是有形资产组合和无形资产组合共同产生的超额收益。接下来应用AHP方法分离计算专利技术这项知识产权的价值。

二、AHP确定专利技术价值

1.建立层次结构模型

无形资产组合与有形资产组合的价值是通过资产创造的预期超额收益体现的，要对其进行合理的评估，必须对组合资产进行合理的分割。找出资产组合中不同类型资产在预期超额收益中的贡献，就可以计算出专利技术这项知识产权的价值，如图4-6所示。

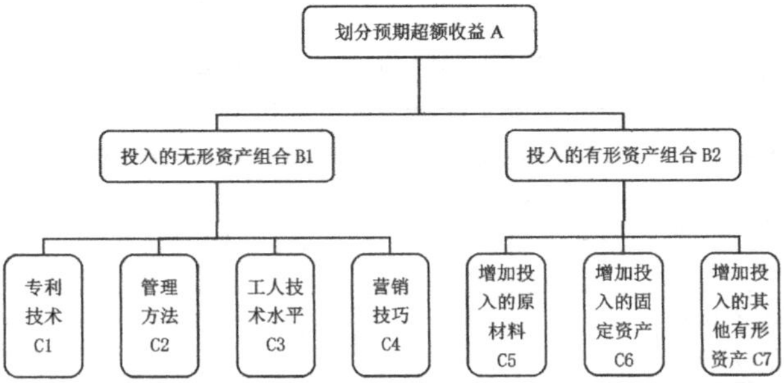

图4-6　专利技术知识产权价值评估层次结构

*A*层：目标层，在已确定的组合资产创造的超额收益中，分析求出各种资产在超额收益中的贡献份额，即权重。

*B*层：准则层，组合资产预期超额收益的评价标准，可分为若干标准层。

*C*层: 方案层，列出构成组合资产所包含的各种类型的不同资产。

2.层次单排序和一致性检验

（1）构建判断矩阵*A*–*B*（对于总目标而言，各准则之间相对重要性的比较）计算因素权重*W*。

构建判断矩阵（*A*–*B*）：

A–B	B_1	B_2	W
B_1	1	2	0.67
B_2	1/2	1	0.33

计算因素权重*W*：

$$N_1=\sqrt[2]{1\times 2}=1.414$$

$$N_2=\sqrt[2]{\frac{1}{2}\times 1}=0.707$$

归一化处理：$W=(B_1, B_2)=(0.67, 0.33)$

*B*层各元素相对于总目标*A*的权重向量$WB=(0.67, 0.33)$。因为该矩阵只有两个要素，计算结果CI = 0，查表得RI = 0，CR < 0.1，表明判断矩阵具有满意的一致性。

（2）构建判断矩阵B_1–C（对于无形资产组合而言，各指标的相对重要性比较）计算因素权重*W*。

构建判断矩阵（B_1-C）：

B_1	C_1	C_2	C_3	C_4	W
C_1	1	3	4	5	0.55
C_2	1/3	1	2	3	0.23
C_3	1/4	1/2	1	2	0.14
C_4	1/5	1/3	1/2	1	0.08

计算因素权重 W：

$N_1=\sqrt[4]{1\times 3\times 4\times 5}=2.783$，

$N_2=\sqrt[4]{\frac{1}{3}\times 1\times 2\times 3}=1.189$，

$N_3=\sqrt[4]{\frac{1}{4}\times \frac{1}{2}\times 1\times 2}=0.707$，

$N_4=\sqrt[4]{\frac{1}{5}\times \frac{1}{3}\times \frac{1}{2}\times 1}=0.427$

归一化处理：$W=$（C_1，C_2，C_3，C_4）=（0.55，0.23，0.14，0.08）

计算 λ_{max}：

$(AW)_1=0.55\times1+0.23\times3+0.14\times4+0.08\times5=2.2$，

$(AW)_2=0.55\times\frac{1}{3}+0.23\times1+0.14\times2+0.08\times3=0.933$，

$(AW)_3=0.55\times\frac{1}{4}+0.23\times\frac{1}{2}+0.14\times1+0.08\times2=0.5525$，

$(AW)_4=0.55\times\frac{1}{5}+0.23\times\frac{1}{3}+0.14\times\frac{1}{2}+0.08\times1=0.337$，

$$\lambda_{max} = \frac{2.2}{0.55 \times 4} + \frac{0.933}{0.23 \times 4} + \frac{0.5525}{0.14 \times 4} + \frac{0.337}{0.08 \times 4}$$
$$= 4.054$$

计算 $CI=\frac{4.054-4}{4-1}=0.018$，查表得 RI = 0.90，计算得 $CR=\frac{0.018}{0.9}=0.02$，显然 $0.02<0.1$ 这表明判断矩阵 B_1–C 具有满意的一致性。

（3）构建判断矩阵 B_1–C（对于有形资产组合而言，各指标的相对重要性比较）计算因素权重 W。

构建判断矩阵（B_2–C）：

B_2	C_5	C_6	C_7	W
C_5	1	2	4	0.56
C_6	1/2	1	3	0.32
C_7	1/4	1/3	1	0.12

进一步计算，λ_{max}=3.108，CI=0.009，RI=0.58，CR=0.016<0.1。

同理可以计算矩阵 B_2–C 各指标的权重。CR = 0.016<0.1，表明判断矩阵具有满意的一致性。

3. 层次总排序和一致性检验

利用同一层次中所有层次单排序的结果，就可以计算针对上一层次而言本层次所有元素重要性的权重，如表 4-10 所示。层次总排序需要从上到下逐层进行，计算结果和一致性检验如下。

表4-10　预期超额收益元素指标权重准则层

准则层	B_1	B_2	各指标相对于预期超额收益的权重
	0.67	0.33	
C_1	0.55	—	0.368 5
C_2	0.23	—	0.154 1
C_3	0.14	—	0.093 8
C_4	0.08	—	0.053 6
C_5	—	0.56	0.184 8
C_6	—	0.32	0.105 6
C_7	—	0.12	0.039 6

$$CR^{(k)} = \frac{CI^{(k)}}{RI^{(k)}} = \frac{0.67 \times 0.018 + 0.33 \times 0.009}{0.67 \times 0.90 + 0.33 \times 0.58} = 0.0189$$

CR=0.018 9 < 0.1，显然总排序一致性检验通过。

4. 知识产权价值确定

以上的计算结果说明，在预期的超额收益中专利技术(要确定价值的知识产权)、管理方法、工人技术水平、营销技巧、增加投入的原材料、增加投入的固定资产、增加投入的其他有形资产占的权重分别是0.368 5，0.154 1，0.093 8，0.053 6，0.184 8，0.105 6，0.039 6。专利技术这项知识产权的评估值是：884.071 35×0.368 5 = 325.78（万元）。此外，其他各项资产的评估值同理也可以计算。

参考文献

[1]ALPER D. Patent Valuation and Real Options[J]. Business & Economics Research Journal, 2011, 2(1):153.

[2]ANDRIESSEN D. IC valuation and measurement：classifying the state of the art[J]. Journal of tellectual Capital, 2004, 5(2):230–242.

[3]BERNSTEIN P L.What Risk Premium Is “Normal” ?[J]. Financial Analysts Journal, 2002, 58(2):64–85.

[4]BOTOSAN C A， PLUMLEE M. Assessing the Construct Validity of Alternative Proxies for Expected Cost of Equity Capital[J].Ssrn Electronic Journal, 2002, 65(5):402–13.

[5]CHANG J, HUNG M, Tsai F. Valuation of intellectual property[J].Journal of Intellectual Capital, 2005,6(3):339–356.

[6]CHENG C S A, COLLINS D, HUANG H H. Shareholder rights, financial disclosure and the cost of equity capital[J]. Review of Quantitative Finance & Accounting, 2006, 27(2): 175–204.

[7]DEGER A. Patent Valuation and Real Options[J]. Busi-

ness & Economics Research Journal, 2011, 2(1):153.

[8]FAMA E F, FRENCH K R. Common risk factors in the returns on stocks and bonds[J]. Journal of Financial Economics, 1993, 33(1), 3-56.

[9]FITZGERALD T, GRAY S, HALL J, et al. Unconstrained estimates of the equity risk premium[J]. Review of Accounting Studies, 2013, 18(2):560-639.

[10]GERMERAAD P. The Changing Role of R&D[J]. Research Technology Management,2001,44(2):15-20.

[11]GLASS A J, SAGGI K. Intellectual property rights and foreign direct investment[J]. Journal of International Economics, 2002, 56(2):387-410.

[12] GOLDHEIM D, SLOWINSKI G, DANIELE J, et al. Extracting Value From Intellectual Assets[J]. Research Technology Management, 2005, 48(2):43-48.

[13]GORDON M J, SHAPIRO E. Capital Equipment Analysis: The Required Rate of Profit[J]. Management Science, 1956, 3(1):102-110.

[14]JORION P. Risk 2: Measuring the Risk in Value at Risk [J]. Financial Analysts Journal, 1996, 52(6):47-56.

[15]LIEBERMAN M J. The Handbook of Business Valuation and Intellectual Property Analysis[J]. The CPA Journal, 2005,

75(2):16.

[16]MARKOWITZ H. portfolio selection[J]. Journal of Finance,1952, 7(1):77–91.

[17]MOSSIN J.Theory of Financial Markets[J].Journal of Finance, 1973(28):433–440.

[18]MYERSON R B, SATTERTHWAITE M A. Efficient mechanisms for bilateral trading [J].Journal of Economic Theory, 1983,29(2):265–281.

[19]NAI–FU CHEN.Some Empirical Tests of the Theory of Arbitrage Pricing[J].The Journal of Finance, 1983, 38(5):1393–1414.

[20]NEIL D J. The valuation of intellectual property[J].International Journal of Technology Management, 1988, 3(2):31–42.

[21]PAL S K, PRAKASH S, MADHUKAR A, et al. Evaluation of intellectual property asset value[J].International Journal of Intellectual Property Management, 2007, 1(3):174–183.

[22]RAND S J. The valuation of intellectual property: cost Approach [J].Research Management Review, 1990(4):19–23.

[23]RICHARDSON A J, WELKER M. Social disclosure, financial disclosure and the cost of equity capital[J]. Accounting Organizations & Society, 2001, 26(7):597–616.

[24]ROLL R W, ROSS S A. Regulation, the capital asset

pricing model and the arbitrage pricing theory[J].Public Utilities Fortnightly,1983,111(11): 22-28.

[25]ROSS S A.The Arbitrage Theory of Capital Asset Pricing [J].Journal of Economic Theory, 1976, 13(1): 341-360.

[26]SCHAUTEN M, STEGINK R, GRAAFF G D. The discount rate for discounted cash flow valuations of intangible assets [J]. Managerial Finance, 2010, 36(9): 799-811.

[27]SHARPE W. Bank Capital Adequacy, Deposit Insurance and Security Values, Part I[J]. Journal of Financial & Quantitative Analysis, 1978, 13(4):701-718.

[28]SOHN S Y, HONG S K, MOON T H. Predicting the financial performance index of technology fund for SME using structural equation model[M].Pergamon Press, Inc. 2007.

[29]SUDARSANAM S,SORWAR G,MARR B.Real options and the impact of intellectual capital on corporate value[J].Journal of Intellectual Capital,2006, 7(3):291-308.

[30]WILLIAMS J B. The Theory of Investment Value[M]. Harvard University Press, 1938.

[31]WU M C. Antecedents of patent value using exchange option models: Evidence from a panel data analysis[J].Journal of Business Research, 2011, 64(1):81-86.

［32］阿斯沃斯·达摩达兰.投资估价：评估任何资产

价值的工具和技术［M］.林谦，安卫，译.3版.北京：清华大学出版社，2014.

［33］白光，马国忠.中国要走农业品牌化之路［M］.北京：中国经济出版社，2006.

［34］边静慧.无形资产评估中折现率的确定［J］.经济论坛，2008（17）：131–133.

［35］蔡凡.基于实物期权定价理论的专利价值评估［C］// 2012管理创新、智能科技与经济发展研讨会论文集.湖南凤凰：南昌工程学院经济贸易学院，2012，283–286.

［36］蔡继明，刘澜飚，贺京同，等.无形资产评估理论与实践［M］.北京：中国物价出版社，2002.

［37］常丽，许向真.关于无形资产评估中折现率确定方法的探讨［J］.中国资产评估：专业版，2005（3）：23–25.

［38］陈捷.商业银行信用风险度量及管理［D］.北京：首都经济贸易大学，2003.

［39］陈留平，程静.企业价值评估中折现率参数的确定［J］.江苏大学学报（社会科学版），2014，16（4）：68–72.

［40］陈小璇.层次分析法在项目选择中的应用［J］.内蒙古农业大学学报（社会科学版），2005，7（1）：54–57.

[41] 程永文，姚王信.有限理性视角下知识产权质押贷款风险形成、评估与检验［J］.科技进步与对策，2015（13）：139-144.

[42] 董晓峰，李小英.对我国知识产权评估方法的调查分析［J］.经济问题探索，2005（5）：119-125.

[43] 董晓峰，刘申，刘理臣，等.基于熵值法的城市生态安全评价——以平顶山市为例［J］.西北师范大学学报（自然科学版），2011，47（6）：94-98.

[44] 段辉.专利评估技术参数的确定方法研究［D］.沈阳：东北大学，2007.

[45] 段毅才.试论评估值的价值区间［J］.中国资产评估，2006（3）：18-20.

[46] 耿云江.EVA与企业价值评估［J］.黑龙江财会，2002（2）：5.

[47] 龚刚敏.收益现值法参数弹性研究——兼评某无形资产评估案例［J］.财经论丛（浙江财经大学学报），2000（4）：72-77.

[48] 管伯渊，苏一纯.美国评估界常用的折现率计算方法评析［J］.中国注册会计师，2003（12）：48-49.

[49] 郭民生.技术资产评估：方法·参数·实务［M］.北京：中国物资出版社，1996.

[50] 郭子雪，齐美然，卢鑫.模糊环境下商标权评估

的实物期权定价模型［J］.金融教学与研究，2013（4）：49-51.

［51］何亮亮.我国商业银行抵押贷款风险问题研究［D］.大连：东北财经大学，2010.

［52］胡利琴.信贷矩阵法和信用风险附加法的比较研究［D］.武汉：武汉大学，2004.

［53］胡启洲，张卫华.区间数理论的研究及其应用［M］.北京：科学出版社，2010.

［54］胡晓明，冯军.企业估值中折现率的确定：基于CAPM模型［J］.会计之友，2014（2）：18-23.

［55］胡晓明，吴铖铖.收益法折现率的市场应用与改进——基于192份企业价值评估说明的分析［J］.财会月刊，2017（27）：72-76.

［56］黄继鸿，柯孔林.基于集值统计的技术创新风险度量及其预警［J］.科学学研究，2005，23（2）：273-278.

［57］姜楠.无形资产评估理论和管理体制研究［M］.大连：东北财经大学出版社，2003.

［58］李红娟，孙济庆.知识产权的价值评估模型研究［J］.科技情报开发与经济，2007，17（27）：164-166.

［59］李杰，孟祥军.无形资产评估折现率：美国的研究成果及启示［J］.中国资产评估，2007（11）：35-39.

［60］李巧凤.折现率的研究与实证［D］.北京：中国

农业大学，2002.

［61］李胜坤.论资产评估中的折现率［J］.中国资产评估，2006（9）：46-48.

［62］李延喜，李莉，刘巍.基于动态现金流量的折现率定量模型［J］.科研管理，2004，25（2）：59-64.

［63］李芝生.专利资产评估基础知识［M］.北京：专利文献出版社，1998.

［64］梁莱歆，张永榜.基于市场价值的技术资产评估研究［J］.中国地质大学学报（社会科学版），2004（6）：19-22.

［65］刘凤朝，刘则渊.关于知识产权评估的几点思考［J］.科学学与科学技术管理，2001，22（12）：13-15.

［66］刘红梅.收益现值法下折现率确定研究与实证分析［D］.天津：天津大学，2007.

［67］刘少滨.技术型无形资产快速估算方法［J］.技术经济与管理研究，2008（3）：8-10.

［68］刘伍堂.专利资产评估［M］.北京：知识产权出版社，2011.

［69］刘彦.技术商品价格与技术资产评估［M］.北京：经济科学出版社，1996.

［70］罗伯特·F.赖利，罗伯特·P.施韦斯.商业价值评估与知识产权分析手册［M］.伍颖，译.北京：中国人民大

学出版社，2006.

［71］吕燕，朱慧.管理定量分析［M］.上海：上海人民出版社，2007.

［72］吕豫.风险投资对被投资企业的价值评估［D］.郑州：郑州大学，2004.

［73］柯孔林，黄继鸿.集值统计在高技术项目投资风险评价中的应用［J］.科技进步与对策，2005，22（10）：83-85.

［74］孔峰.模糊多属性决策理论、方法及其应用［M］.北京：中国农业科学技术出版社，2008.

［75］马敬.国际知识产权贸易中的价值评估问题研究［D］.沈阳：沈阳工业大学，2007.

［76］马小琪.基于博弈论的资产评估机理与方法研究［D］.哈尔滨：哈尔滨工业大学，2006.

［77］牛倩.知识产权价值评估方法研究与应用［D］.哈尔滨：哈尔滨工业大学，2012.

［78］宋伟，彭小宝，方琳谕.集成创新的知识产权评估机制研究［J］.科技管理研究，2008，28（5）：233-235.

［79］苏任刚.知识产权质押融资价值确定方法探析［J］.长春师范大学学报（自然科学版），2014（10）：172-177.

［80］苏任刚，王炜.模糊数学与价格区间相结合的技

术资产评估值确定方法浅谈［J］.河北北方学院学报（自然科学版），2010，26（5）：69-78.

［81］苏任刚，王炜，贾超群.基于博弈论和 CreditRisk+模型的知识产权质押评估新模式研究［J］.河北北方学院学报（自然科学版），2013（4）：49-58.

［82］苏任刚，王炜，余莎莎.知识产权质押融资价值评估新模式［J］.哈尔滨学院学报，2015，36（6）：30-35.

［83］苏任刚，王炜，张会莹.集值统计与模糊评价相结合的技术资产评估值修正方法研究［J］.内蒙古农业大学学报（社会科学版），2010，12（2）：81-83.

［84］谭熙.资本资产定价模型在中国市场的实证研究［J］.时代金融，2008（10）：23-25.

［85］唐龙海，张驎，解彦平，等.模糊综合评判法在矿业权评估折现率选取中的应用［J］.采矿技术，2006，6（3）：108-110.

［86］汤姆·科普兰.价值评估：公司价值的衡量与管理［M］.贾辉然，等译.北京：电子工业出版社，2002.

［87］田力普.积极实施国家知识产权战略 创新发展知识产权资产评估事业［J］.中国资产评估，2007（12）：8-9.

［88］王海舟.技术资产评估区间模型研究［D］.南京：南京理工大学，1999.

［89］王莉.基于市场的技术型资产价值评估与价格确定研究［D］.天津：天津大学，2006.

［90］王晶，高建设，宁宣熙.收益法评估中折现率研究［J］.管理世界，2011（4）：184-185.

［91］王晶，宁宣熙.关于收益法中折现率选取的探讨［J］.会计之友，2007（3s）：66-67.

［92］王梦楠.收益法评估企业股权价值中折现率的确定问题研究［D］.北京：首都经济贸易大学，2016.

［93］王清丽.知识产权评估及其变现［D］.北京：对外经济贸易大学，2002.

［94］王炜.基于多属性效用理论的矿业权评估折现率估算方法［J］.辽宁工程技术大学学报（社会科学版），2011，13（4）：364-367.

［95］王炜.基于EVA的企业价值评估方法［J］.价值工程，2003（4）：8-9.

［96］王炜.试论以财务报告为目的的知识产权评估［J］.科技管理研究，2009，29（7）：370-371.

［97］王炜.专利资产折现率的确定方法研究［C］//第九届全国无形资产理论与实务研讨会暨两岸无形资产理论与实务研讨会论文集.杭州：中国商业会计学会大学部，2010：333-342.

［98］王炜，苏任刚.知识产权评估折现率的研究［J］.

安徽商贸职业技术学院学报，2009，8（4）：55-62.

［99］王吓忠.关于技术资产评估中折现率构成及变化的研究［J］.研究与发展管理，2003，15（3）：60-67.

［100］汪海粟，王毅.无形资产评估实务［M］.北京：中国财政经济出版社，2002.

［101］汪培庄.模糊集与随机集落影［M］.北京：北京师范大学出版社，1985.

［102］辛欣.基于CreditRisk+模型的科技型企业贷款组合研究［D］.郑州：河南大学，2007.

［103］许涤龙，张钰.资本资产定价模型与上海股票市场的实证分析［J］.南昌大学学报（理科版），2005，29（2）：142-145.

［104］徐寒.谈技术资产评估折现率的确定［J］.财会月刊，2006（17）：37-38.

［105］许仁忠.模糊数学及其在经济管理中的应用［M］.成都：西南财经大学出版社，1987.

［106］闫威，陈燕，陈林波.基于集值统计的动态联盟知识产权风险评价［J］.科学学与科学技术管理，2008，29（6）：28-31.

［107］杨国彬，李春芳.企业绩效评价指标——EVA［J］.经济管理，2001（9）：21-24.

［108］杨建平.科技型企业知识产权质押融资问题研究

[D].天津：天津工业大学，2008.

[109] 杨松堂.知识产权质押融资中的资产评估[J].中国金融，2007（5）：16-17.

[110] 叶巧玲，郑君君，陆菊春.技术创新的风险评价模型[J].武汉大学学报（工学版），2000，33（3）：118-120.

[111] 于磊.技术型知识产权资产评估方法研究[M].北京：经济科学出版社，2012.

[112] 袁煌.自己动手计算β系数[J].中国资产评估，2007（7）：10-12.

[113] 苑泽明.无形资产评估[M].北京：高等教育出版社，2015.

[114] 岳贤平.专利交易中专利资产评估研究[M].北京：科学出版社，2009.

[115] 苑泽明，李海英，孙浩亮，等.知识产权质押融资价值评估：收益分成率研究[J].科学学研究，2012（6）：856-864.

[116] 岳贤平.专利交易中专利资产评估研究[M].北京：科学出版社，2009.

[117] 张广智，孙金华，马长林，等.技术资产定价与交易[M].北京：中国商业出版社，1998.

[118] 张贵群，张欣.知识产权质押融资价值评估困境

及其破解对策研究［J］.价格理论与实践，2016（12）：208-211.

［119］张静华.知识产权质押融资在我国企业中的应用研究［D］.合肥：中国科学技术大学，2011.

［120］张新华.技术知识产权评估模型及应用［J］.科研管理，1999，20（6）：47-51.

［121］张永榜.技术资产价值评估方法研究［D］.长沙：中南大学，2004.

［122］张振良.模糊集理论与方法［M］.武汉：武汉大学出版社，2010.

［123］章廷兵，方新.知识产权模糊评价模型的构建与应用［J］.科研管理，1999，20（6）：52-59.

［124］赵丽洪，尉京红，王淑珍.质押知识产权价值评估问题探讨［J］.财会月刊，2008（14）：23-24.

［125］赵克勤.集对分析及其初步应用［J］.大自然探索，1994（1）：67-72.

［126］赵平.质押目的下基于收益法的知识产权价值评估方法探讨［D］.昆明：云南大学，2015.

［127］周冬.评估企业价值的收益法的改进——期望收益法［J］.当代经济，2005（4）：16-17.

［128］周海珍.浅论收益法中折现率的确定［J］.中国资产评估，2001（4）：13-15.

［129］周林.试论知识产权评估的基本概念和理论依据［J］.法商研究（中南政法学院学报），1996（6）：51-56.

［130］周正柱，朱可超.知识产权价值评估应用研究——基于AHP-模糊综合评价法［J］.财会通讯，2016（10）：22-25.

［131］朱红文，赵海林.技术型无形资产利润分成率评判模型的研究［J］.中国资产评估，2002（3）：21-23.

［132］邹海雷.专利权定价的实物期权方法［J］.重庆工商大学学报（自然科学版），2004，21（1）：4-6.

［133］邹文涛，严奉宪.品牌强度评价方法研究［J］.安徽农业科学，2007，35（21）：6611-6612.